Droemer
Knaur

Lutz Kredel

Künstliche Intelligenz und Expertensysteme leicht gemacht

Droemer Knaur

CIP-Titelaufnahme der Deutschen Bibliothek

Kredel, Lutz:

Künstliche Intelligenz und Expertensysteme leicht gemacht / Lutz Kredel. – München : Droemer Knaur. 1988

ISBN 3–426–26352–1

Umschlaggestaltung: Claus-J. Grube, München

Umschlagillustration: Ernst Jünger, München

Druck und Bindung: Auer, Donauwörth

Printed in Germany

ISBN 3-426-26352-1

2 4 5 3 1

Inhalt

Vorwort des Herausgebers

Im Rahmen unserer Buchreihe **Computer und Gesellschaft** möchten wir Verständnis für einen ganz neuen Aspekt der Computertechnik und seiner gesellschaftspolitischen Folgen wecken.

Das bedeutungsvolle Teilgebiet der Informatik, die künstliche Intelligenz (Artificial Intelligence) befaßt sich mit der Realisierung von wissensbasierten Systemen. Diese Systeme zur Wissensverarbeitung sind eine Weiterentwicklung der konventionellen Informationsverarbeitung. Es ist ein sich rasch entwickelndes Anwendungsgebiet, das vor allem die bislang noch wenig technisch unterstützten Arbeitsplätze betrifft und auch die Software-Entwicklung in neue Bahnen lenkt.

Wissensbasierte Systeme bieten in Zukunft gegenüber der traditionellen Datenverarbeitung erheblich erweiterte Anwendungsmöglichkeiten für Berufe, die nur mit einem großen Fachwissen ausgeübt werden können. Mit Expertensystemen lassen sich vielversprechende Rationalisierungserfolge an Arbeitsplätzen erzielen, die sich bislang einer maschinellen Unterstützung entzogen haben.

Der besondere Effekt liegt:

- im systematischen Speichern und leichtem Auffinden von Wissen,
- in einer Vereinfachung der Wissensabfrage und
- in der Möglichkeit, Computer noch einfacher benutzen zu können.

Dieser neue Aspekt der Computertechnik ist zwar nicht wirklich kreativ, er unterstützt aber den Benutzer in der Unzugänglichkeit seines Denkens und Koordinierens.

Hans-Jürgen Twiehaus

1 Einleitung

Seit mehreren Jahren und derzeitig mit wachsender Geschwindigkeit nimmt ein Fachgebiet der Informatik eine stürmische Entwicklung: Die künstliche Intelligenz (KI).

Bestimmte menschliche Fähigkeiten, wie das Sprechen und das Verstehen von Sprache, das Erstellen einer medizinischen Diagnose oder das Sehen und Erkennen bestimmter Gegenstände, erfordern zweifellos Intelligenz. Die KI als eine Wissenschaft untersucht diese bisher dem Menschen vorbehaltenen Fähigkeiten, indem sie sie auf einem Computer nachbildet und der natur- und ingenieurwissenschaftlichen Betrachtungsweise zugänglich macht.

Wegen der vielfältigen Einsatzbereiche wird der KI eine Schlüsselfunktion für den Computereinsatz im kommenden Jahrzehnt zugesprochen. Expertensysteme zählen neben der Robotik und der Sprachverarbeitung zu den erfolgreichsten und vielversprechendsten Anwendungen der KI.

Mittlerweile ist der Entwicklungsstand so weit fortgeschritten, daß sich Expertensysteme aus den Forschungslabors heraus in den kommerziellen Markt hinein bewegen. Fortschritte der auch als wissensbasierte Systeme bezeichneten Expertensysteme sind allerdings nicht so sehr von der Weiterentwicklung theoretischer Konzepte abhängig. Heutige Anwendersysteme bedienen sich häufig der Methoden und Techniken, die seit mehreren Jahrzehnten bekannt sind. Entscheidend ist vielmehr die Entwicklung und die Kostengestaltung im Bereich der Hardware. Denn leistungsfähige Computersysteme lassen auch leistungsfähigere Softwareumgebungen zu. Insbesondere auf dem Gebiet der Expertensysteme wird sich das Durchsetzungsvermögen am Markt nach wirtschaftlichen Gesichtspunkten entscheiden.

2 Künstliche Intelligenz

2.1 Was ist künstliche Intelligenz?

Für das im angelsächsischen Sprachgebrauch als Artifical Intelligence bezeichnete Computer-Science-Teilgebiet hat sich im Deutschen die Bezeichnung künstliche Intelligenz aber auch maschinelle Intelligenz durchgesetzt, obwohl diese Übersetzung nicht zwingend ist. Intelligence bedeutet nämlich nicht nur Intelligenz, sondern auch Information oder Auskunft. Von daher könnte man mit Artifical Intelligence auch künstliche Information oder künstliche Informationsgewinnung beschreiben.

Was versteht man nun unter künstlicher Intelligenz? Eine exakte und allgemein akzeptierte Definition von KI existiert ebenso wenig wie eine einheitliche Definition des Begriffs Intelligenz. Mit einer gewissen Unschärfe in der Begriffsbestimmung schält sich jedoch als Schwerpunkt des Intelligenzbegriffs heraus: das Vermögen, die Außenwelt zu erkennen, das Verknüpfen und Herstellen von Wechselbeziehungen durch logisches Denken und der Erwerb einer Fähigkeit durch Lernen.

Definitionen zum Begriff Intelligenz

Eine Möglichkeit zu beschreiben, was man unter KI versteht, lautet: Computer verfügen dann über künstliche Intelligenz, wenn sie Aufgaben erfüllen, die - würden sie von einem Menschen erfüllt - Intelligenz erfordern.

Unabhängig davon, ob man einen Computer, der eben diese Aufgaben löst, als intelligent bezeichnet, hat sich unter Computerfachleuten die These durchgesetzt, daß kein prinzipieller Unterschied zwischen kognitiven Fähigkeiten von Menschen und Computern besteht.

Josef Weizenbaum, einer der Väter der KI, hingegen kritisiert das Gleichsetzen von Mensch und Maschine und gibt zu bedenken, daß der Mensch nicht nur durch abstrakte intellektuelle Fähigkeiten, sondern durch das „in der Welt sein" geprägt ist. Menschliche Fähigkeiten, Emotionen haben, soziale Verantwortung tragen usw., können nicht programmiert werden. So macht die Gesamtheit der menschlichen Fähigkeiten erst die menschliche Intelligenz aus!

Die KI wird daher immer eine fremde, eingeschränkte Intelligenz sein, die nicht mit der menschlichen vergleichbar ist. Das heißt aber nicht, daß der Computer den Menschen nicht auf einigen Spezialgebieten intellektuell gleichberechtigt, wenn nicht sogar überlegen sein kann.

Definitionen

„Die künstliche Intelligenz ist . . . eine Jahrhundertwissenschaft."
(Jörg Siekmann, 1985)

Das Hauptziel der künstlichen Intelligenz besteht darin, Computer benutzerfreundlicher und damit benutzbar zu machen.
(In Anlehnung an Patrick Winston, 1984)

Bei der KI handelt es sich um eine Wissenschaftsdisziplin, die Methoden und Techniken zur Lösung von Problemen, basierend auf Wissen und unter Zuhilfenahme von Computern, entwickelt.

Abbildung 1: Weitere Definitionen von künstlicher Intelligenz

2.2 Historische Entwicklung der künstlichen Intelligenz

Kurz nach der Erfindung der elektronischen Rechenanlage entspannen sich Diskussionen darüber, ob das Elektronengehirn, wie es in der populären Literatur bezeichnet wird, ähnlich wie ein Mensch denken kann. Ein besonderes Merkmal dieser Diskussion war bereits damals der Intelligenzbegriff.

Zur Beantwortung dieser Fragestellung schlug Alan Turing vor, ein Hardware-/Software-System dann als intelligent zu bezeichnen, wenn es folgenden Test besteht (Turing-Test, 1950):

Die Fragen stellende Person wird allein in einem Raum plaziert. Sie kann sich nur über den Bildschirm und die Tastatur sowohl mit einem Computer als auch mit einem Menschen in einem anderen Raum unterhalten. Der Fragesteller stellt Fragen, die nach dem Zufallsprinzip entweder vom Menschen oder von der Maschine beantwortet werden. Ihm ist nicht bekannt, ob der Mensch oder die Maschine antwortet. Er muß dann eine Vermutung aussprechen, ob die jeweilige Antwort vom Menschen oder vom Computer stammt. Wenn er sich dabei in mehr als 50% der Fälle irrt, definiert man die Maschine als intelligent. Beim Turing-Test spielt die Methode, mit der die Rechenanlage ihre Ergebnisse ermittelt, keine Rolle. Die einfache Simulation, die nur auf extrem schnellen Rechenanlagen in vernünftiger Zeit brauchbare Problemlösungen generiert, wurde ebenso intelligent genannt, wie ein raffinierter Algorithmus zum Beweisen geometrischer Sachverhalte.

Die Dartmouth Conference 1956, auf der sich führende Vertreter aus Informatik, Mathematik, Psychologie und Linguistik trafen, gilt als die eigentliche Geburtsstunde der KI. In den späten 50er und frühen 60er Jahren wurden Programme geschrieben, die einfache Rätsel lösen konnten, Lehrsätze der Logik und Geometrie bewiesen, symbolische mathematische Operationen, z.B. die Berechnung unbestimmter Integrale durchführten und Spiele wie Dame und Schach spielten. Diese Programme stellen den Beginn der KI-Ära dar.

Die weitere Entwicklung auf dem Gebiet der KI mit ihren unterschiedlichen Anwendungsgebieten läßt sich bis zur Gegenwart in fünf Phasen aufteilen.

Phase 1: Heuristisches Programmieren (1957–1962)
Diese Zeit ist durch den Versuch gekennzeichnet, mit generellen einfachen Methoden beliebige Probleme lösen zu können. Sie wurde auch als Phase der kognitiven Simulation bezeichnet. Als zentral für intelligente Prozesse wurde das heuristisch gelenkte Durchsuchen der möglichen Wege nach einer Lösung angesehen. Heuristisch bedeutet dabei eine Vereinfachung durch Faustregeln und Erfahrungswerte. Die Mustererkennung versucht durch Nachbilden der Funktionsweise des menschlichen Gehirns in der Hardware, einfache Muster, wie Buchstaben, zu erkennen und zu klassifizieren.

Mittels der Simulation kognitiver Prozesse gelang der Beweis von Theoremen der Aussagenlogik. Diese Methode wurde zum General Problem Solver (GPS) erweitert, der in einer formaliserten Mikrowelt eng umrissene Probleme lösen konnte, die leider keine Bedeutung hatten. Ebenso wurden Spielprogramme entwickelt (Dame, Schach), die auf ausgedehnten Suchvorgängen beruhten.

Auf dem Gebiet der Sprachverarbeitung nahm man zunächst an, daß ein lexikalisches Auflisten von Wörtern und die Kenntnis der Syntax für das Verstehen von Sätzen ausreicht. Nach einer anfänglichen Euphorie, die als die Täuschung über den ersten erfolgreichen Schritt hinweg beschrieben wurde, setzte eine baldige Ernüchterung ein.

Phase 2: Semantische Informationsverarbeitung (1963–1967)
Diese Phase wird am stärksten durch die Arbeiten von Marvin Minsky dokumentiert, der erkannte, daß die Methoden der ersten Phase nur für

einfache Probleme geeignet sind, und daraufhin ein bewußtes Ad-hoc-Vorgehen propagierte. Es wurden spezialisierte Programme entwickelt, wie das Programm STUDENT zum Lösen algebraischer Textaufgaben, das ANALOGY PROGRAM zum Erkennen der Analogie von Objekten und das semantisches Gedächtnisprogramm SEMANTIC MEMORY. Hier wurde nun zum ersten Mal deutlich, daß erfolgreiche Programme auf das Einbeziehen von Spezialwissen angewiesen sind.

Phase 3: Die Bearbeitung von Mikrowelten (1967–1972)

Das Jahr 1967 muß als ein Wendepunkt angesehen werden, weil Programme entwickelt wurden, die sich auf konkrete Anwendungsgebiete bezogen und damit den engen Rahmen früherer KI-Methoden sprengten. MACSYMA, das Methoden zur Unterstützung mathematischer Aufgaben bereitstellt, ist das erste Anwendungsprogramm von Bedeutung. Gleichzeitig wurde DENDRAL erstellt, das das Wissen eines Chemikers auf dem Gebiet der Massenspektroskopie enthält. Mit SHRDLU entstand ein Programm, das geradezu als d a s KI-Programm schlechthin angesehen wurde und damit einen Wechsel der KI-Philosophie signalisierte. Es manipuliert eine Mini-Blockwelt, indem es natürlich-sprachliche Fragen in vereinbarten Grenzen versteht, beantwortet und Befehle ausführt. Der in früheren Zeiten ausschließlich grammatikalisch gesteuerte Sprachprozeß wurde mehr auf die Verständnis-Ebene verlagert.

Phase 4: Technologie der Wissensverarbeitung (1972–1977)

Das Beschreiben, Organisieren und Verarbeiten von Wissen wurde zum zentralen Thema dieser Phase. Marvin Minsky entwickelte das Konzept der Frames (Beschreibungsrahmen), das großen Einfluß auf die Techniken der

Wissensrepräsentation nahm. Allan Newell Wissen das Konzept des Produktionssystems zur Simulation kognitiver Vorgänge. Es brach die Zeit berühmt gewordener Expertensysteme an.

MYCIN (Diagnose und Behandlungsempfehlungen bei bakteriellen Infektionskrankheiten), das bis heute meistzitierte Expertensystem, wurde von E. Shortliffe entwickelt. Es vereinigt ein Regelsystem mit einem Wissensaneignungsmodell und der Theorie der Konfidenzfaktoren.

Phase 5: Entwicklung von Werkzeugen (1977–1986)
Diese Phase ist gekennzeichnet durch das Bereitstellen von Werkzeugen zum Entwickeln von Expertensystemen, das Erforschen robuster natürlichsprachlicher Dialogsysteme, die Anwendung abweichender Logiken und das Nutzen von KI-Methoden in Datenbanken. Es findet eine fort–schreitende Kommerzialisierung statt, die auch in Zukunft anhalten wird.

2.3. Teilgebiete der künstlichen Intelligenz

Die künstliche Intelligenz verfügt über eine breite Palette von Methoden und Techniken, die in Softwaresysteme – z.B. in Expertensysteme – integriert werden können.

Die bedeutendsten genutzten und erforschten Arbeitsgebiete sind:

—	Wahrnehmen	optische Bildanalyse und akustische Spracherkennung

—	Denken	Probleme lösen, Schlüsse ziehen, Lernen, Spielen und Führen von automatischen Beweisen
—	Verstehen von Sprache	Führen von Dialogen sowie Nacherzählen und Übersetzen von Texten.

Aus anwendungsorientierter Sicht hat sich die Gliederung der KI in fünf große Teilgebiete durchgesetzt. Abbildung 2 stellt die wichtigsten Teilgebiete der KI nach Methoden und Anwendungen gegliedert zusammen.

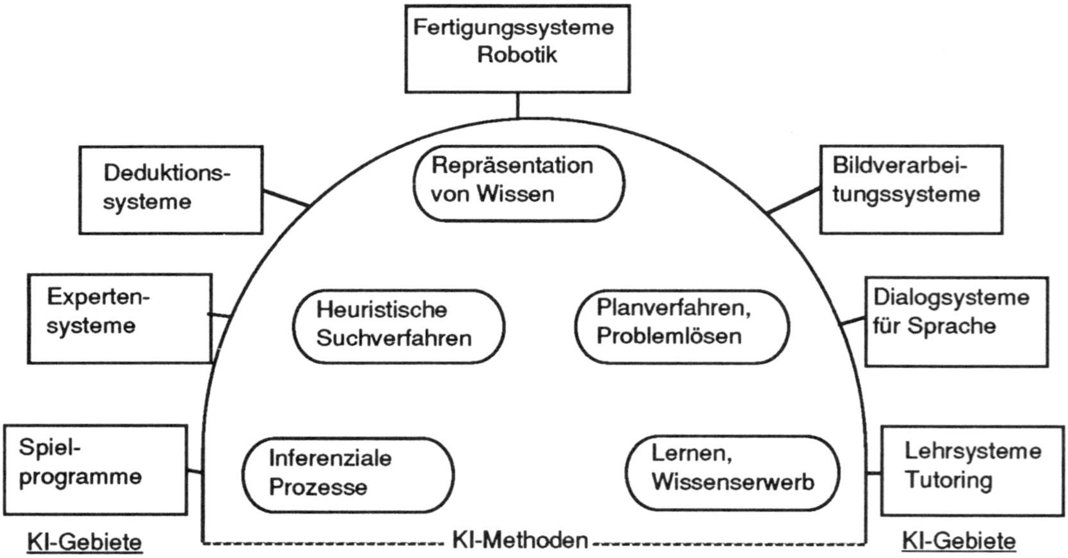

Abbildung 2: Die Teilgebiete der KI

2.3.1 Natürlich-sprachliche Systeme

Wolfgang Wahlster, einer der wenigen deutschen KI-Forscher, beschreibt die Hauptaufgaben der sprachorientierten KI-Forschung wie folgt:

— Die komplexen Informationsverarbeitungsprozesse, die dem Verstehen natürlicher Sprache zugrunde liegen, sollen mit Mitteln der Informatik exakt beschrieben und erklärt werden.

— Das intelligente Sprachverhalten soll maschinell verfügbar gemacht werden und dadurch die Mensch-Maschine-Kommunikation mittels natürlich-sprachlicher Systeme verbessern.

In der sprachorientierten KI-Forschung unterscheidet man drei Ebenen des Verstehens und der Generierung einer sprachlichen Äußerung:

— Syntax als die Struktur der Äußerung: sie beschäftigt sich mit dem Aufbau des Satzes.

— Semantik: sie beschäftigt sich mit der Bedeutung des Satzes.

— Pragmatik: sie befaßt sich mit dem praktischen Umsetzen der Äußerung.

Die Syntax ermöglicht es uns, Wortmuster, unabhängig von ihrer Bedeutung, zu erkennen. Das ist ein erster nützlicher Schritt zum Analysieren eines Satzes. Die Semantik und Pragmatik ist aber letztlich für das Verstehen und Generieren natürlich-sprachlicher Äußerungen entscheidend. Nur mit Hilfe der Semantik können sinnvolle Sätze gebildet werden. Hier sind aber noch erhebliche Probleme zu lösen.

Ein natürlich-sprachlicher Dialog verspricht überall dort einen großen Nutzen, wo ungeübte Benutzer mit einem Computer kommunizieren. Vor allem bei wissensbasierten Expertensystemen, beim Wissenserwerb, bei Auskunfts- und Beratungsdialogen sowie bei der computergestützten Aus- und Weiterbildung.

Aber auch bei zukünftigen Entwicklungen, wie der

— natürlich-sprachlichen Wissensaufnahme und der
— natürlich-sprachlichen Programmierung,

kann auf eine natürlich-sprachliche Mensch-Maschine-Schnittstelle nicht verzichtet werden.

Im Laufe der vergangenen Jahre hat sich der Forschungsschwerpunkt von den Aufgaben des reinen Sprachverstehens auf Probleme, die in einem Dialog auftreten, verlagert. Ein sehr gutes Beispiel für das derzeitig Machbare liefert das Hamburger Redepartnermodell (HAM-RPM), das einen Hotelmanager simuliert, der versucht, ein Zimmer möglichst positiv anzubieten.

Das Computerprogramm versteht die gesprochene Sprache in dem Sinn, daß es eine interne Repräsentation der ausgesprochenen Sachverhalte aufbaut und mit Hilfe einer Wissensbasis sinnvolle Antworten zu diesen Sachverhalten erzeugt.

Dialog		Anmerkungen
System:	Hotel Alsterblick. Guten Abend!	
Benutzer:	Guten Abend, hier spricht Lange!	Echte Namenerkennung
System:	Was kann ich für Sie tun, Herr Lange?	
Benutzer:	Ich möchte ein Doppelzimmer für 3 Nächte mit Bad.	Wortstellung
System:	Gewiß, ich will mal sehen... Ein Doppelzimmer mit Bad bis zum 15.11. hätten Sie gern?	Umrechnung Vorannahme: ab heute
Benutzer:	Ja,bitte.	
System:	Ja, da ist noch etwas frei. Haben Sie noch irgendeinen besonderen Wunsch?	Abgabe der Initiative
Benutzer:	Gibt es ein Radio oder einen Fernseher im Zimmer?	Kombinierte Frage
System:	Ja, es steht kein Fernsehgerät zur Verfügung, aber das Zimmer hat ein Radio.	Kombinierte Antwort
Benutzer:	Ein Telefon?	Syntaktisch unvollständige Frage
System:	Ja.	
Benutzer:	Ist ein Schreibtisch vielleicht vorhanden?	Zweifel über Zutreffen
System:	Ja, ein Schreibtisch ist tatsächlich vorhanden.	Bestätigung
Benutzer:	Wie viele einzelne Betten sind im Zimmer?	
System:	Zwei.	Unvollständige Antwort
Benutzer:	Hoffentlich ist eins von den Betten einigermaßen hart.	Vorannahme
System:	Ja, eins von den Betten ist vermutlich hart.	Vage Antwort
Benutzer:	Wie meinen Sie das?	Metasprachlicher Dialog
System:	Seine Matraze ist neu. Darf ich das Zimmer für Sie buchen, Herr Lange?	Schlußfolgerung auf Wissen
Benutzer:	Ja, gerne.	
System:	Ich habe also ein Doppelzimmer für Herrn Lange vom 12.11. bis zum 15.11. gebucht.	Zusammenfassung

Abbildung 3: Dialogsequenz mit dem Hamburger Redepartnermodell

2.3.2 Bildverarbeitungssysteme

Mit Bildverstehen bezeichnet man ein Teilgebiet der KI, in dem es um das maschinelle Auswerten visueller Daten geht. Ein hervorzuhebendes Ziel beim Bildverstehen ist es, anhand von zweidimensionalen Bildern eine dreidimensionale Szene zu rekonstruieren und zu deuten.

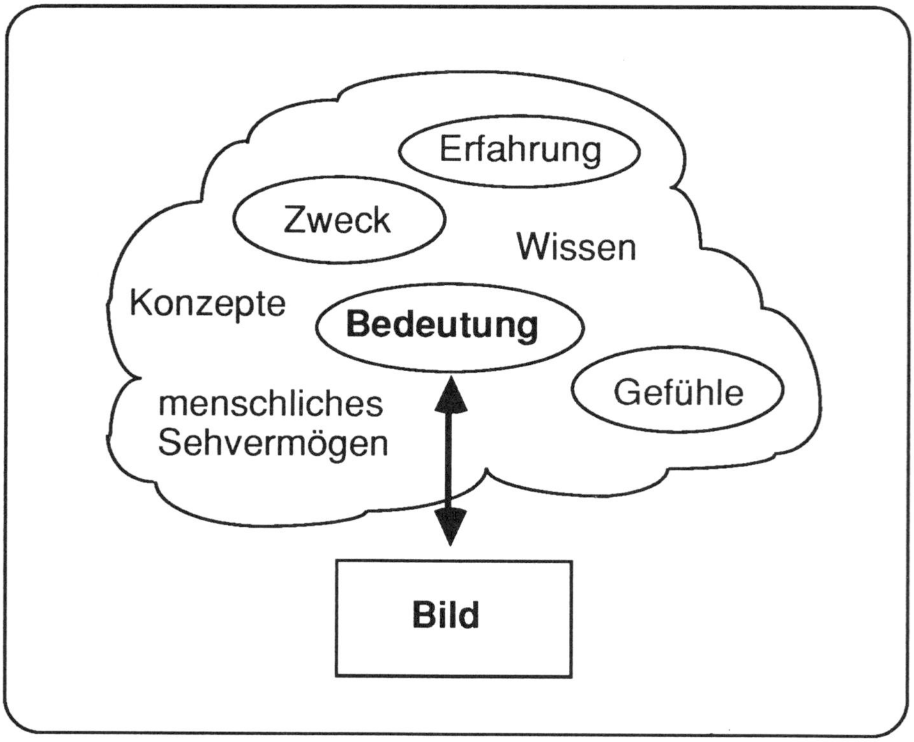

Abbildung 4: Weltwissen bei der Bilddeutung

Unter höherer Bilddeutung, einem Teilprozeß des Bildverstehens, versteht man das Erkennen von Zuständen, Situationen, Ereignissen usw. Voraussetzung dafür ist allerdings, daß die wesentlichen Objekte der Szene bereits erkannt sind.

Eine wichtige Rolle bei der höheren Bilddeutung spielt die Repräsentation von Weltwissen, z.B. Wissen über typische Handlungsabläufe und typische Eigenschaften des Objekts, das zur Interpretation von Szenen benötigt wird.

Innerhalb des Forschungsgebietes Bildverarbeitung lassen sich folgende Untersuchungsrichtungen erkennen:

— Zerlegen des Verstehensprozesses in geeignete Teilprozesse, Analysieren von Teilprozessen.

— Suche nach geeigneten Darstellungsformen für Zwischen- und Endresultate.

— Analysieren und Ausnutzen der relevanten physikalischen Gesetzmäßigkeiten.

— Identifizieren, Repräsentieren und Ausnutzen von Erfahrungen und Wissen.

— Systemimplementierung und Ablaufsteuerung.

Zum Stand der Forschung läßt sich sagen, daß bis heute noch keine bildverstehenden Systeme mit hinreichend allgemeiner Anwendbarkeit existieren. Allerdings erlauben bisher entwickelte Verfahren spezielle Anwendungen in den Bereichen:

— Robotik,

— industrielle Automatisierung,

— Luftbildauswertung,

— Navigation,

— militärische Anwendungen

— Biomedizin.

Es ist noch nicht abzusehen, wann es bildverstehende Systeme für eine allgemeine, breite Anwendbarkeit geben wird.

Im Bereich der Bildverarbeitung sind noch folgende Probleme zu lösen:

— Identifizieren und Programmieren von Prozessen, die Beleuchtungskanten (Schatten), Orientierungskanten (Konturen) und Reflektionskanten (Farbgrenzen) unterscheiden.

— Modellieren und Nutzbarmachen von umfangreichem Weltwissen (typische Szenen, Ereignisse, usw.).

— Spezielle Hardware, mit der auch sehr rechenzeitaufwendige Lösungsansätze untersucht werden können.

2.3.3 Robotik

Ziel dieses Forschungs- und Entwicklungszweigs sind computergesteuerte Handhabungssysteme (Roboter), die über eine eigene Intelligenz verfügen.

Entwicklungen an Robotern haben sich weitgehend unabhängig von Forschungen auf dem Gebiet der KI vollzogen. In der heutigen industriellen Produktion umgeht man noch weitgehend komplizierte KI-Systeme, indem man die Umwelt robotergerecht gestaltet, d.h. die Umgebung so vereinfacht, daß intelligentes Verhalten überflüssig ist. Eine geeignete Umgebung zu schaffen, ist jedoch mit hohen Investitionen verbunden, die sich mit intelligenten Robotern vermeiden ließen.

In der Robotertechnologie hat sich neben der Grundlagenforschung sehr schnell ein anwendungsorientierter Zweig herauskristallisiert, der für die weitere Automatisierung der Fertigung eine entscheidende Schlüsselfunktion einnimmt.

Dieses Gebiet zeigt besonders anschaulich, mit welchem Tempo der Verlust wissenschaftlicher Wettbewerbsfähigkeit zu einem Verlust industrieller Wettbewerbsfähigkeit führen kann.

So sind in Japan bereits über 70 000 Industrieroboter gegenüber erst ca. 15 000 in der Bundesrepublik Deutschland im Einsatz. Vielleicht ein Grund, die mangelnde Konkurrenzfähigkeit deutscher Produkte auch auf den höheren Automatisierungsgrad der japanischen Industrie zurückzuführen.

Weltweit und in rapide steigendem Umfang werden programmierbare Roboter zukünftig in der Industrieproduktion genutzt. Für die Steigerungsrate ist es jedoch entscheidend, wie stark sich die großen Computerhersteller an der Roboterproduktion beteiligen.

2.3.4 Deduktionssysteme und Expertensysteme

Das Beweisen mathematischer Sätze (Deduktion) durch den Computer hat zahlreiche Anwendungen in der Informatik gefunden. Sie reichen von der Logik als Programmiersprache, über die Programmsynthese und die Programmverifikation (Überprüfung von Programmen auf Fehlerfreiheit) bis hin zum Beweisen der Funktionstüchtigkeit vorgelegter Hardwarekonfigurationen. Die im Augenblick relevanteste Anwendung von Deduktionssystemen dürfte in der Programmverifikation liegen. Ein Deduktionssystem, das heute zu den leistungsfähigsten Systemen zählt, wurde in Karlsruhe entwickelt und wird zur Programmverifikation bereits praktisch genutzt.

Expertensysteme hingegen erfüllen Aufgaben, wie sie bisher dem Spezialisten in seinem Aufgabengebiet vorbehalten waren. Nach anfänglich ehrgeizigen Zielsetzungen, wie universelle Problemlösungen und allgemeines automatisches Übersetzen – sie blieben allerdings bei komplexen realistischen Problemen erfolglos – mußte man erkennen, daß Qualität und Leistungsfähigkeit der Expertensysteme abhängig sind von der Qualität und der Menge des abzubildenden Wissens. Da den Expertensystemen ein zunehmend kommerzieller Einsatz sowie eine Schlüsselposition bei der Automatisierung bislang schwer strukturierbarer Abläufe vorausgesagt wird, sollen sich die weiteren Ausführungen mit diesem Teilgebiet der KI ausführlicher beschäftigen.

3 Aufbau und Funktion von Expertensystemen

3.1 Allgemeines

Gegenüber kommerziellen Computersystemen, die nach einem fest vorgegebenen Weg eine Aufgabe lösen, entwickeln Expertensysteme – oder auch wissensbasierte Systeme – Fähigkeiten, die in bestimmten Bereichen menschlichen Fähigkeiten gleichkommen oder diese sogar übertreffen. Dazu enthalten diese Systeme organisiertes hinterlegtes Wissen über ein bestimmtes Gebiet, das Expertenwissen.

Was sind Experten und was versteht man unter Expertenwissen?

Ein Experte ist ein speziell ausgebildeter und erfahrener Fachmann auf einem zumeist eng umrissenen, aber anspruchsvollen Gebiet. Sein fachliches Know-how setzt sich aus der Kenntnis von Fakten, wie sie im Lehrbuch stehen und oftmals mathematisch formaliert sind, und aus Erfahrungswissen (Daumenregeln) zusammen. Er löst Probleme effizient, wobei er relevante von irrelevanter Informationen unterscheiden kann. Bei neuartigen Problembereichen entwickelt er kreative Lösungsansätze, die z.B. auf Analogien beruhen können.

Beim Lösen ein und derselben Aufgabe greifen mehrere Experten eines Gebiets auf unterschiedliche Kenntnisse und Lösungsmethoden zurück, da die kognitiven Fähigkeiten eines Menschen sehr individuell ausgebildet sind und von einer Vielzahl von Faktoren abhängen. Doch auch mit unterschiedlichen Vorgehensweisen gelangen Experten allgemein zum selben Ergebnis. Die grundsätzliche Arbeitsweise eines Experten verdeutlicht Abbildung 5.

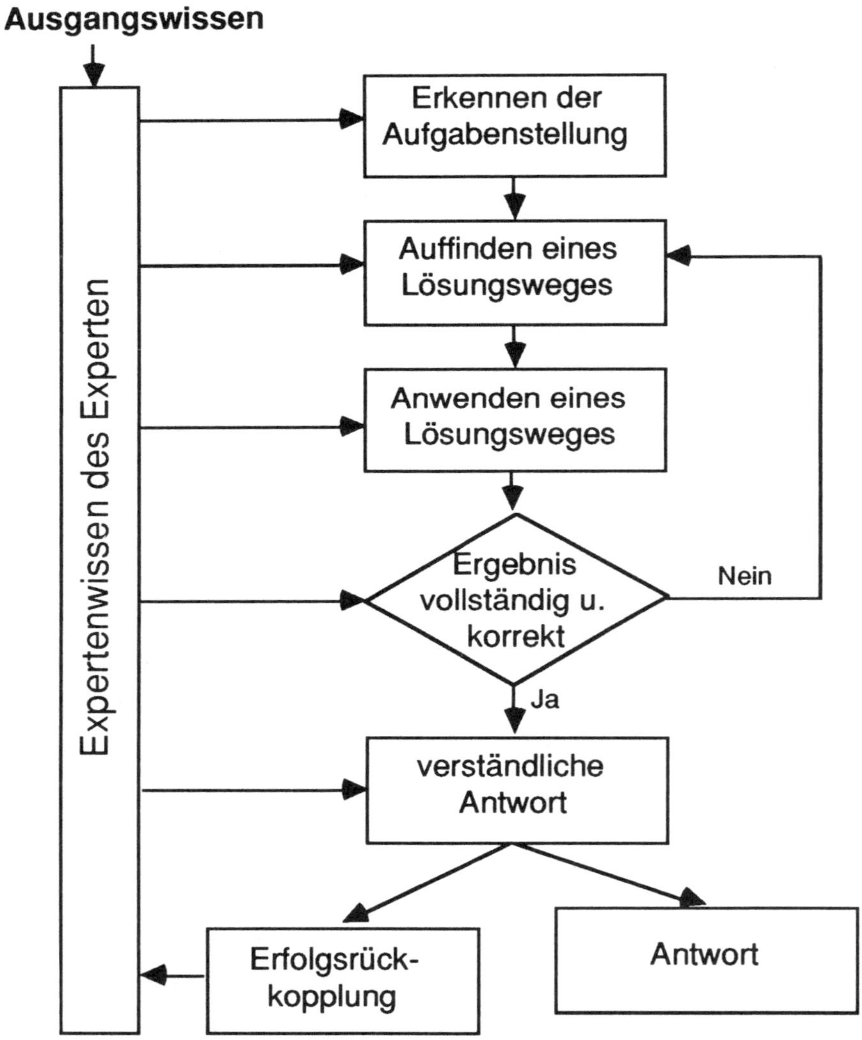

Abbildung 5: Arbeitsweise eines Experten

3.2 Definition, Abgrenzung und Anforderungen

Expertensysteme sind also Programme, die in speziellen Anwendungen die Leistungsfähigkeit von Experten haben. Dazu werden sie für gut definierte Anwendungen mit allem verfügbaren Fachwissen gefüttert und tragen so zur Lösung von Aufgaben bei, als Ratgeber für den Experten.

Das Expertensystem soll zumindest teilweise einen Experten ersetzen können. Es ist daher von Interesse festzustellen, inwieweit der Denkprozeß, der in einem Computer abläuft, dem des Menschen ähnlich ist (Abbildung 6). Diese Abbildung verdeutlicht die Mittlerfunktion des Expertensystems zwischen Mensch und Rechner.

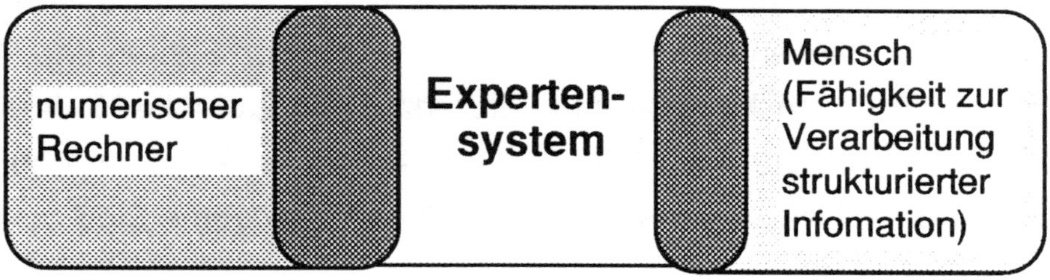

Abbildung 6: Abgrenzung des Expertensystems von Mensch und Maschine

An ein Expertensystem müssen aus heutiger Sicht bestimmte Anforderungen gestellt werden. Nach Prof. Dr. Peter Raulefs sollen Expertensysteme

— aus Angaben und Formulierungen des Anwenders die Aufgabenstellungen präzisieren und formalisieren,

— korrekte und vollständige Lösungen anbieten,

— für den Anwender verständliche Antworten generieren,

— den Lösungsweg erklären, damit der Anwender die Verläßlichkeit und Qualität der Lösung einschätzen kann und

— dem Anwender eventuell sogar Hilfen anbieten beim Anwenden der Lösung.

3.3 Architektur

Der Kern eines Expertensystems besteht aus der Wissensbasis mit dem fachspezifischen Wissen des Experten, in der Form von Fakten und Regeln, und der Problemlösungskomponente (Inferenzsystem), die die Methoden und Techniken, wie das in der Wissensbasis abgelegte Wissen zu verarbeiten ist, zur Verfügung stellt (siehe Abbildung 7). Expertensysteme sind also stets wissensbasierte Systeme, wobei auch – im Gegensatz z.B. zu Datenbanken – unsicheres, d.h. vages Wissen zugelassen ist.

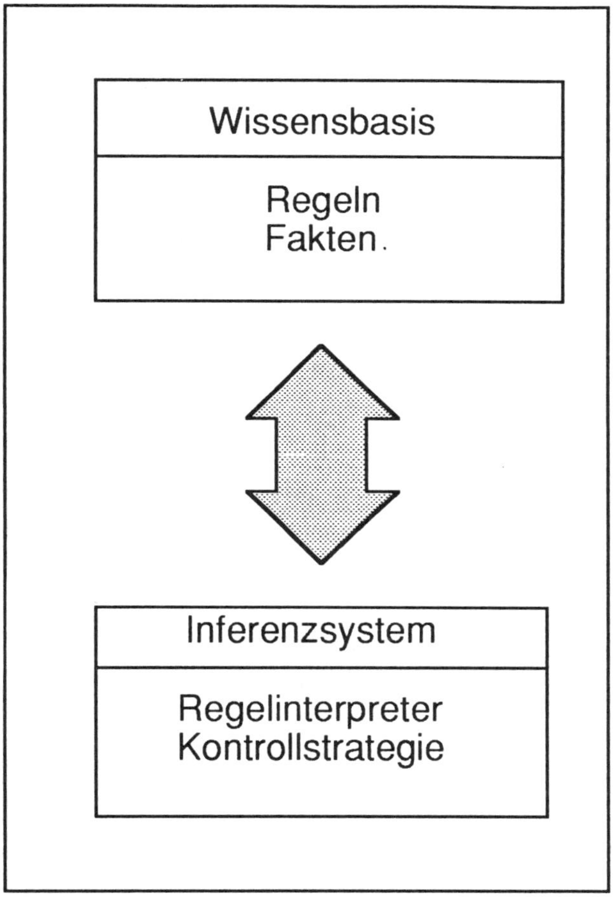

Abbildung 7: Die Grundelemente eines Expertensystems

Insgesamt besteht aber ein Expertensystem aus den folgenden Komponenten:

— Wissensbasis,
— Problemlösungskomponente (Inferenzsystem),

— Erklärungskomponente,
— Wissenserwerbs- oder Wissensakquisitionskomponente und
— Dialogkomponente.

Wie diese einzelnen Elemente in Verbindung stehen zeigt Abbildung 8.

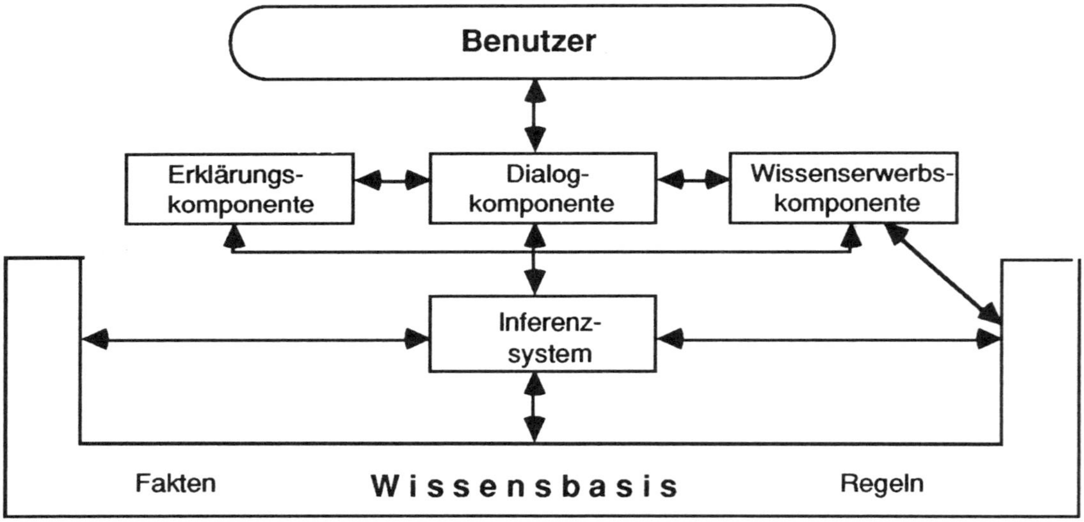

Abbildung 8: Koordinierter Wissensfluß in einem Expertensystem

3.3.1 Wissensbasis

„Im Wissen liegt die Macht" – seit Beginn der 70er Jahre ist dies die wichtigste Erkenntnis beim Umgang mit KI-Systemen, da sich das Navigieren in großen Räumen mit Hilfe heuristischer Suchtechniken – als alleiniges

Paradigma – als ungenügend herausstellte. Daher ist die Wissensrepräsentation eine der zentralen Aufgaben beim Entwurf von Expertensystemen.

In der Wissensbasis sind zwei Arten von Wissen vorhanden:

— Faktenwissen und
— Hintergrundwissen in Form von Regeln.

Unter Faktenwissen wird ein von weiten Kreisen anerkanntes Fachwissen verstanden, das vor allem auch in der Fachliteratur und in den Standardwerken des Fachgebietes behandelt wird.

Den weitaus größeren Umfang bildet das Hintergrundwissen, das vage Wissen der Experten. Hierzu zählen z.B.:

— Erfahrungen,
— Vermutungen,
— Heuristiken und Daumenregeln und auch
— die Kunst des guten Ratens.

Ehe das Wissen der Experten für ein Expertensystem genutzt werden kann, muß es in einer geeigneten Art und Weise dargestellt, d.h. repräsentiert und im System niedergelegt werden.

Diese für die Konstruktion von Expertensystemen wichtige Wissensrepräsentation gliedert sich in:

— deklarative Wissensrepräsentation, sie beschreibt Sachverhalte durch passive Daten und

— prozedurale Wissensrepräsentation, sie beschreibt Verfahren zur Konstruktion, Verknüpfung und Anwendung von Wissen in praxisnahen Prozeduren.

Die wichtigsten Techniken zur Darstellung des Wissens innerhalb eines Computers sind:

— Produktionssysteme,
— Logik,
— Prozeduren (Frames) und
— semantische Netze.

Wegen der großen Bedeutung sollen nachfolgend die einzelnen Repräsentationstechniken kurz erläutert werden.

Produktionssysteme

Die gebräuchlichste Technik der Wissensrepräsentation ist bei der Mehrzahl der Expertensysteme das Produktionssystem. Es umfaßt drei Bereiche:

— Eine Regelbasis besteht aus einer Anzahl von Regeln. Eine Regel setzt sich allgemein aus dem Wenn-Teil (Prämisse) und dem Dann-Teil (Konklusion) zusammen. Der Wenn-Teil beschreibt die Anwendbarkeit der Produktionsregel und der Dann-Teil die Auswirkung nach deren Anwendung.

— Eine Datenbasis mit Fakten, die eine konkrete Situation beschreiben. Die Fakten bleiben entweder überdauernd im System oder werden temporär während einer Konsultation abgeleitet.

— Ein Kontrollsystem, das die Anwendung der Regeln überwacht und so für einen möglichst effizienten Lösungsweg sorgt und im Konfliktfall bestimmt, welche Regel als nächste gewählt werden soll.

Produktionssysteme liefern also einen vollständigen Ablauf, der im Zusammenhang mit der Aufgabenbeschreibung den Lösungsprozeß ermöglicht und unterstützt.

Eingabe:

Der Organismus wächst relativ kettenförmig.
Welcher Organismus ist das?

Wissensbasis:

Fakten:

Die Färbung des Organismus ist grampositiv.
Das Erscheinungsbild des Organismus ist ziemlich kokkenförmig

Regeln:

(R120): Wenn:
(1) Die Färbung des Organismus grampositiv ist
(2) Das Erscheinungsbild des Organismus kokkenförmig ist
(3) Die Wachstumsform des Organismus kettenförmig ist
Dann:
gibt es Anzeichen dafür, daß der Typ des Organismus Streptokokke ist.

Ausgabe:

Es gibt schwache Anzeichen dafür, daß es sich um eine Streptokokke handelt.

Abbildung 9: Ein Beratungsdialog mit MYCIN als Beispiel für eine Wenn-Dann-Regel eines Produktionssystems.

Logik

In der KI unterscheidet man u.a. zwischen der Aussagenlogik und der Prädikatenlogik.

Aussagenlogik:
Durch logische Verknüpfungen wie UND oder ODER, sind Aussagen einfach als wahr oder falsch zu erkennen; z.B. ist die Aussage „ROT oder GRÜN" erfüllt (wahr), wenn entweder ROT oder GRÜN wahr ist.

Prädikatenlogik:
Sie ermöglicht Aussagen über Objekte und deren Beziehungen (Prädikate). Die Aussage „Franz liebt Fußball" wird prädikatenlogisch ausgedruckt durch

liebt (Franz Fußball).

„Franz" und „Fußball" bilden die Objekte, während das Prädikat „liebt" die Beziehung zwischen ihnen beschreibt und mit dem Wort Prädikat als Bedeutung eines Satzteiles korrespondiert.

Die Vorzüge dieser Darstellungsweise liegen in der mathematischen Klarheit und der Verfügbarkeit entsprechender Ableitungsregeln. Daher basiert diese Programmiersprache PROLOG auf der Prädikatenlogik. Der Nachteil liegt allerdings in ihrer begrenzten Ausdrucksfähigkeit.

Semantische Netze

Semantische Netze spiegeln die Struktur des menschlichen Gedächtnisses wider und sind aus den Konzepten der kognitiven Psychologie entstanden.

Das Gedächtnis des Menschen ist also kein Speicher mit wahlfreiem Zugriff auf einzelne Elemente, sondern ein Assoziativspeicher, indem Bedeutungsklassen gebildet werden, deren Elemente durch assoziative Beziehungen, ähnlich der Prädikatenlogik, verbunden sind. Ein semantisches Netz aus einer Menge von Knoten, die Objekte, Konzepte oder Ereignisse repräsentieren. Die Knoten sind durch benannte Kanten verbunden, wodurch die zweiwertigen Beziehungen zwischen ihnen beschrieben werden. Jede sprachliche Aussage kann vom Prinzip her in einem semantischen Netz nachgebildet werden, wobei sich eine unendliche Menge von Beziehungen ergeben kann. In der Praxis werden die Möglichkeiten jedoch konzeptionell stark eingeschränkt.

Allgemein unterscheidet man zwei Arten von Knoten:

— Konzepte, die eine hierarchische Organisation verkörpern und auch individuelle Ausprägungen enthalten können, und

— Eigenschaften, die dem Konzept-Knoten zugeordnet sind.

Die Kanten drücken zwei Arten von Beziehungen aus:

— „is-a" drückt die Verbindung eines Knotens zum übergeordneten Konzept aus und kann als Klassen-Instanzen-Relation verstanden werden. Dabei schließt diese Relation auch individuelle Ausprägungen ein, die in anderen Darstellungen als Instance-of- oder Member-of-Relationen getrennt behandelt werden.

— „has-prop", auch als „has-a" oder „part-of" bezeichnet, ordnet Konzepten Eigenschaften zu. Diese können auch Teile oder Funktionen enthalten.

Die wesentliche Neuerung in der hierarchischen Abbildung der semantischen Netze ist der Vererbungsmechanismus, der auch für die nachfolgenden Konzepte der Wissensrepräsentation, die Frames, entscheidende Bedeutung hat. Eigenschaften genereller Strukturen werden auf tieferliegende Konzepte übertragen, d.h. vererbt.

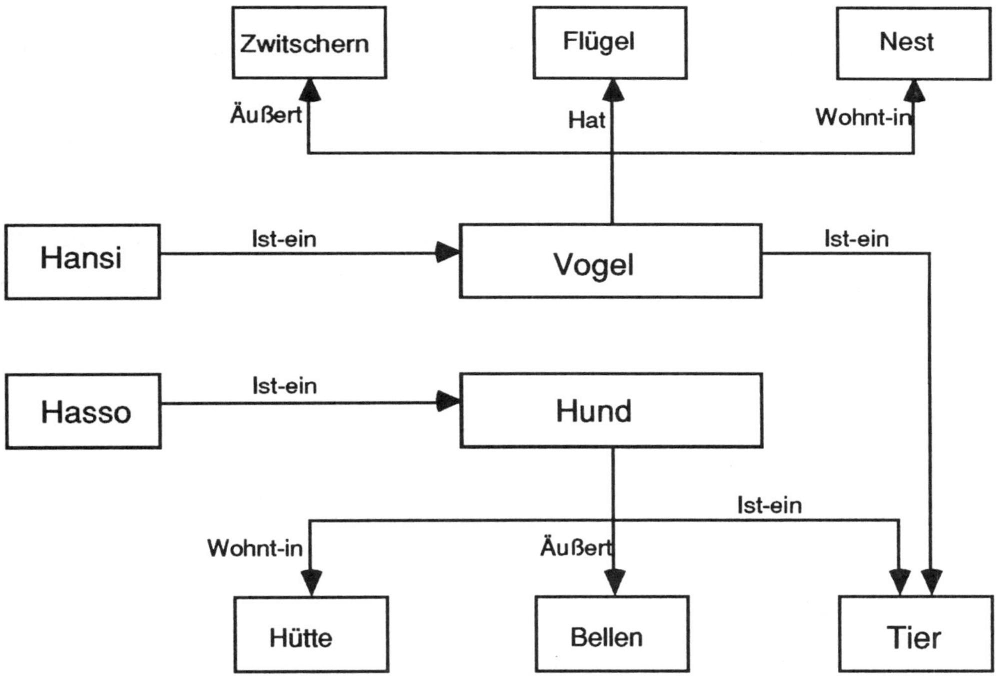

Abbildung 10: Beispiel für ein semantisches Netz

Frames

Greift man aus einem semantischen Netz einen Knoten heraus, der ein Objekt, Konzept oder Ereignis repräsentiert, und sucht nach einer geeigneten Darstellungsart, die eine Beschreibung der hierarchischen Beziehungen und der Eigenschaften einschließt, so bietet sich das Konzept der Frames (engl. Rahmen) an.

Marvin Minsky entwickelte diese Idee im Zusammenhang mit der Erfassung visueller Informationen, der Beschreibung von Szenen sowie Lernen durch Beispiele und schuf so ein Werkzeug zur strukturierten Wissenspräsentation.

Ein Frame bildet eine Wisseneinheit, wobei die zugehörigen Informationen in Slots abgelegt werden. Slots sind benannte Platzhalter zur Beschreibung der einzelnen Eigenschaften (Attribute) des Frame.

Als Beispiel dient das Frame Haus:

Spezialisierung von:	Gebäude
ist Teil von:	Dorf, Stadtteil, Stadt
Stil:	Landhaus, Reihenhaus, Schloß
Zahl der Fenster:	ganzzahlig, 2
Zahl der Türen:	ganzzahlig, 1

Wie wichtig die Aufgaben der Wissensbasis innerhalb eines Expertensystems sind, wird dadurch verdeutlicht, daß nicht die Problemlösungskomponente – wie manchmal fälschlich festgestellt wird – sondern die Wissensbasis den Leistungsumfang eines Systems bestimmt.

Unsicheres und vages Wissen

Bei den bisher beschriebenen Repräsentationsformen wurde beim Darstellen und Verarbeiten von Wissen stets von einer zweiwertigen Logik ausgegangen: Eine Aussage ist entweder richtig oder falsch, eine andere Möglichkeit gibt es nicht. Sowohl im Wirkungsbereich eines Experten als auch im Alltagsverständnis ist Wissen allerdings nicht immer vollständig, eindeutig und gesichert. Es gibt Aussagen, wie vielleicht, oder wahrscheinlich, die in der Wissensbasis zu berücksichtigen sind und die durch das Inferenzsystem bearbeitbar sein sollten, weil sonst wesentliche Teile der Expertenkompetenz verloren gingen.

Eine mögliche dreiwertige Logik könnte folgende Werte annehmen: wahr, vielleicht oder falsch. Aber selbst diese Darstellung ist noch zu eng gefaßt, so daß sich eine mehrwertige Logik durchgesetzt hat, die alle Werte zwischen 0 und 1 bzw. zwischen –1 und +1 zuläßt. Fakten und Regeln, denen derart ungesichertes Wissen zugrunde liegt, wird eine entsprechende Bewertung hinzugefügt.

Das Modell der Evidenz- bzw. Konfidenzfaktoren (Certainty Factors) ist für folgende Fälle denkbar:

— Eine Aussage ist mit Unsicherheit behaftet, z.B. Wettervorhersage.

— Zwischen mehreren Attributen besteht eine ungesicherte, nicht eindeutige Beziehung, z.B. Symptom und Krankheit.

— Wissen ist unvollständig.

— Einzelne Fakten sind unbekannt. In solchen Fällen könnten Schätzwerte (Default-Werte) angegeben werden, z.B. der Mittelwert einer Stichprobe.

3.3.2 Problemlösungskomponente

Die Problemlösungskomponente bearbeitet die vom Benutzer gestellte Aufgabe anhand der Wissensbasis. Da dieses Wissen im allgemeinen in Form von Produktionsregeln gespeichert ist, nimmt die Problemlösungskomponente, die auch als Inferenzsystem oder -mechanismus bezeichnet wird, die Gestalt eines Regelinterpreters an.

Im Lösungsverlauf wird aufgrund der Aufgabenstellung zunächst eine passende Regel gesucht. Sind mehrere Regeln anwendbar, entscheidet eine Konfliktlösungsstrategie, welche Regel zum Tragen kommt. Zwei unterschiedliche Strategien sind dabei denkbar:

— Sind die Regeln entsprechend ihrer Priorität geordnet, wird jene mit der höchsten Priorität gewählt.

— Sind die Regeln nach dem Grad der Allgemeinheit geordnet, so wird die speziellste Regel gewählt.

Abbildung 11 zeigt, welche andere Strategie bei einem Expertensystem verwendet werden kann.

Im nächsten Schritt zieht das Expertensystem die logische Schlußfolgerung (Inferenz) aus der ausgewählten Regel und erzeugt dadurch neues Wissen. Inferenz bedeutet soviel wie „Schließen aus vorhandenem Wissen".

Phase 1:	Eröffnung	Benutzung einer Eröffnungsbibliothek
Phase 2:	Mittelspiel	Metaregel 1: Benutze die Regeln, die den Verlust des Gegners maximieren. Metaregel 2: Benutze die Regeln, die den eigenen Verlust minimieren. Metaregel 3: Benutze die Regeln, die zur Beherrschung des Mittelfeldes führen.
Phase 3:	Endspiel	Benutzung einer Schlußbibliothek

Abbildung 11: Metainferenzregeln zur Planung eines Schachspiels

Vorwärts-Rückwärts-Verkettung

Im Zuge einer Problemlösung wertet das Expertensystem mehrere Regeln nacheinander aus, wobei das Ergebnis einer Regel zur Auswahl und

Auswertung der nächsten führt. Regeln werden also im Lösungsprozeß miteinander verkettet. Verkettungen sind als Vorwärts- oder Rückwärts-Verkettungen möglich.

Die Vorwärts-Verkettung (forward chaining) geht von den Eingabedaten des Benutzers aus, zieht aus einer passenden Regel die Schlußfolgerung und vergleicht diese mit den Prämissen der übrigen Regeln zur weiteren Schlußfolgerung. Dies geschieht so lange, bis das gesuchte Ziel erreicht ist.

Wir gehen z.B. vom Faktum A = „wahr" aus und wenden so lange unsere Regeln an, bis das Ziel D erreicht ist:

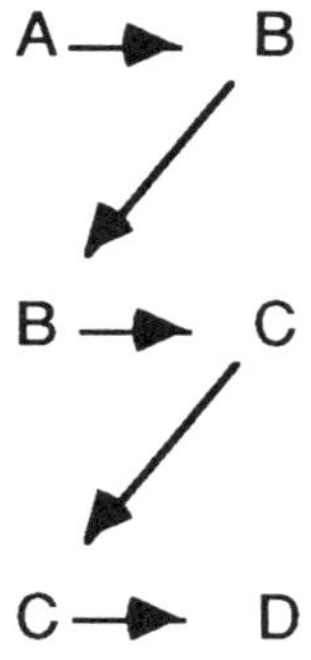

Durch die Vorwärts-Verkettung können wir von A auf D schließen. Da wir von gegebenen Fakten ausgehen, heißt diese Art der Ableitung auch datengeleitet (data-driven). Sie wird angewandt, wenn die Anzahl der Lösungsmöglichkeiten, z.B. bei Planungsaufgaben, sehr groß und das Ziel vielleicht noch unbekannt ist.

Die Rückwärts-Verkettung (backward chaining) wird in den meisten Expertensystemen insbesondere zur Diagnose und Klassifikation genutzt und geht von einem zu erreichenden Zielzustand aus. Es wird eine Regel gesucht, deren Aktionsteil das Ziel enthält, und deren Bedingung stets erfüllt sein muß, damit dieses Ziel erreicht werden kann.
Anschließend sucht das System einen mit der Bedingung übereinstimmenden Aktionsteil einer weiteren Regel und entnimmt ihr die zugehörige Bedingung. Dieser Vorgang wird so lange wiederholt, bis eine ursprüngliche Bedingung gefunden wurde. Jetzt weiß man: Um das vorgegebene Ziel zu erreichen, muß diese Bedingung erfüllt werden.

Unser Ziel ist wiederum D. Dann sieht die Ableitung mittels Rückwärts-Verkettung folgendermaßen aus:

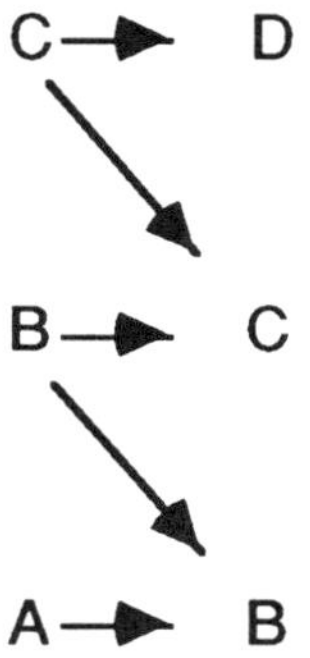

Um D zu erreichen, muß also die ursprüngliche Bedingung A erfüllt sein. Ist A = „wahr", können wir in Vorwärts-Verkettung D ableiten. Rückwärts-Verkettung wird dann angewandt, wenn die möglichen Ergebnisse bekannt sind und in überschaubarer Anzahl vorliegen. Sie heißt auch zielgerichtete Verkettung (goal directed).

Für die zu wählende Richtung beim Verketten gibt es folgende Empfehlungen:

— Von der kleineren zur größeren Menge von Zuständen gehen.

— In Richtung des kleineren Verzweigungsfaktors schlußfolgern.

— In die Richtung gehen, die dem Denken des Benutzers näherliegt.

Oftmals kann eine bidirektionale Suche von Vorteil sein (Means-End Analysis). Denken wir an einen Stadtplan, auf dem wir die Verbindung zwischen zwei Orten suchen. Wir ermitteln den Weg von einem Ausgangspunkt aus bis zu einer größeren bekannten Straße (forward chaining), suchen dann rückwärts vom Ziel aus ebenfalls einen Weg zu dieser Verbindungsstraße (backward chaining), bis sich beide Suchrichtungen treffen.

3.3.3 Erklärungskomponente

Die Erklärungskomponente eines Expertensystems hat die Aufgabe, dem Benutzer auf Anfrage die vollzogenen Verarbeitungschritte möglichst verständlich zu erklären. Dabei sind zwei Arten von Benutzeranfragen gebräuchlich:

— Die Frage „Wie" (How) zielt auf die Erklärung einer Tatsache oder Behauptung, die vom System infolge eines Inferenzprozesses abgegeben wurde.

— Die Frage „Warum" (Why) fordert die Begründung für eine Frage oder Aufforderung des Systems.

Zur Beantwortung dieser Fragen muß das System den Ableitungsprozeß speichern und die Argumentationskette rekonstruieren können.

Die Erklärungskomponente ist daher sowohl für den Endbenutzer als auch für den Systemkonstrukteur von größter Bedeutung. Unverständliche, überraschende oder unplausibel erscheinende Inferenzprozesse können vom Endbenutzer nachvollzogen werden. Warum-Fragen verhindern den Eindruck, der Dialog vollziehe sich asymmetrisch.

Für den Konstrukteur ist die Erklärungskomponente ein wichtiges Hilfsmittel zum Überprüfen des Systems und zum Auffinden von Fehlern und Unzulänglichkeiten. Mit der Wie-Frage ist es möglich, die Ursache für falsche Antworten oder Inkonsistenzen der Wissensbasis zu finden. Warum-Fragen können auf unverständliche und überflüssige Systemanfragen oder auf Wissenslücken hinweisen.

Darüber hinaus ermöglicht die Erklärungskomponente, hypothetische Lösungen zu simulieren und Erklärungen für nicht abgeleitete Folgerungen abzugeben. Die Erklärungskomponente ist nicht nur für Expertensysteme wichtig, sondern auch für eine ganze Reihe anderer Dialogsysteme nutzbar.

So ist sie auch für Unterrichts- und Ausbildungszwecke verwendbar. Hier scheint ihr Nutzen aber in der vorliegenden Form fraglich zu sein, da Wissen nur schwer durch eine Aufzählung von Regeln verständlich wird.

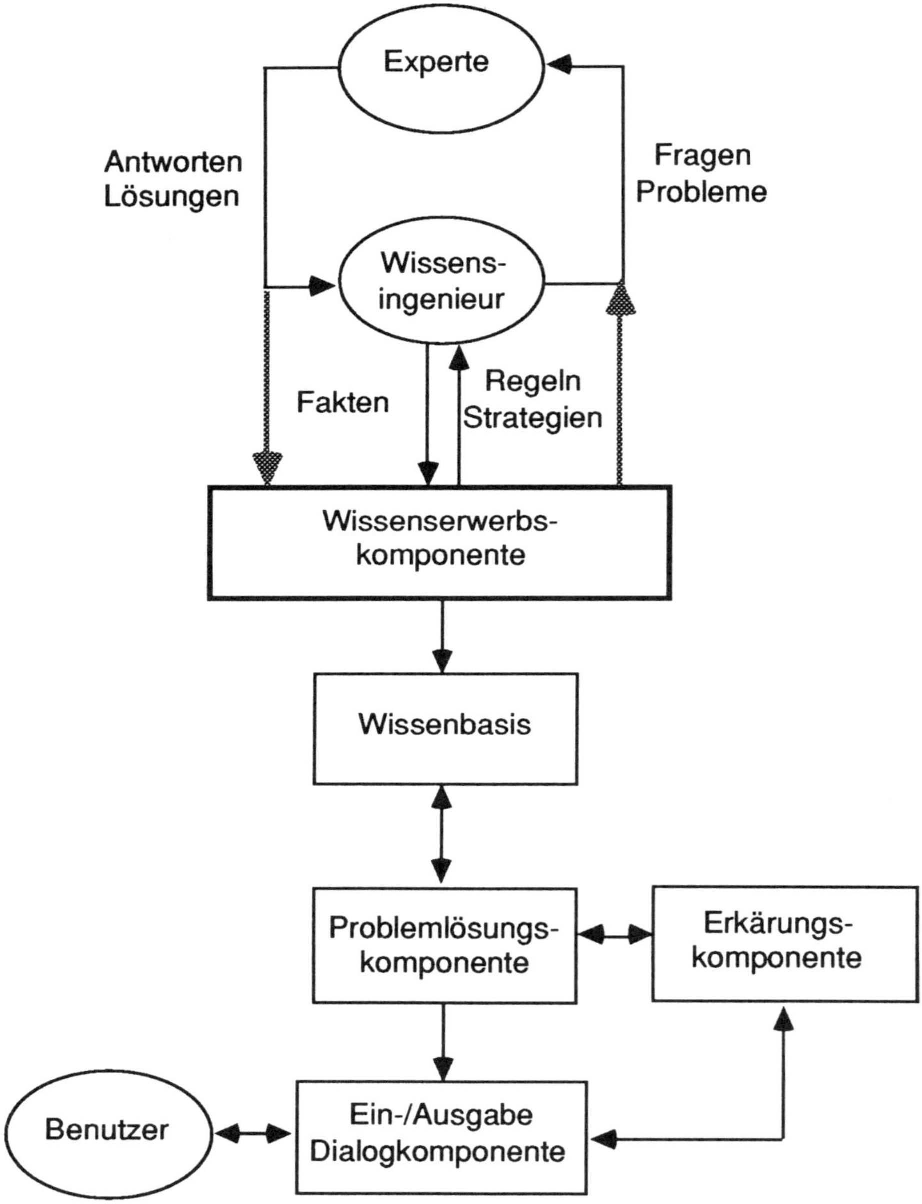

Abbildung 12: Wissensfluß in einem Expertensystem

3.3.4 Wissenserwerbskomponente

Mit Wissenserwerb oder Wissensakquisition bezeichnet man das Umsetzen von Expertenwissen in eine Wissensbasis. Dieses Umsetzen verlangt vom Experten, sein persönliches Wissen explizit verfügbar zu machen. Dabei besteht für den Experten weniger die Schwierigkeit darin, sein Wissen preiszugeben, als sein Wissen für die Wissensbasis aufzubereiten, denn er ist sich über die bei seinen Problemlösungen ablaufenden Kombinationsfolgen selbst nicht voll bewußt. So kann ein Mediziner für eine bestimmte Erkrankung nicht unbedingt begründen, aufgrund welcher konkret meßbarer Fakten er zu einer bestimmten Diagnose gelangt ist. Deshalb ist es erforderlich, den Experten beim Zusammentragen und Dokumentieren seines Wissens durch die Wissenserwerbskomponente zu unterstützen. Abbildung 12 kennzeichnet den Wissensfluß des Experten, und die dabei sehr bedeutungsvolle Stellung der Wissensakquisitionskomponente, über die anderen Komponenten eines Expertensystems, bis hin zum späteren Benutzer.

Ein geeigneter Dialog führt den Experten bzw. den Wissensingenieur durch die Wissenserwerbssitzungen. Auf diese Art und Weise wird das Wissen in das Expertensystem eingestellt und vielfältig nutzbar gemacht.

3.3.5 Dialogkomponente

Die Dialogkomponente ist die Kommunikationsschnittstelle zwischen System und Benutzer. Diese Komponente hat die Aufgabe, den Anwender durch verständliche Anweisungen zu führen.

Ein Sprachprozessor höherer Stufe, der einen Dialog in natürlicher Sprache ermöglicht, könnte dabei die Akzeptanz auch ungeübter Benutzer erhöhen, denn gerade sie sollen in der Zukunft vermehrt Expertensysteme nutzen.

3.4 Ein Beispiel für ein Expertensystem

Das folgende kleine Beispiel zeigt, wie ein Expertensystem das regelbasierte Wissen nutzt, um einen Theaterbesucher bei der Entscheidung zu unterstützen, wie der Weg zum Theater zurückgelegt werden soll.

Regel	Prämisse	Schlußfolgerung
1	Entfernung über 2 km	„Fahren”
2	Entfernung über 1 km und verbleibende Zeit weniger als 20 Min.	„Fahren”
3	Entfernung über 1 km und verbleibende Zeit über 2o Min.	„Laufen”
4	Es liegt „Fahren” vor, und das Theater liegt in der gleichen Stadt	Aktionsvorschlag: „Taxifahren”
5	Es liegt ”Fahren” vor, und dem das Theater liegt nicht in der gleichen Stadt	Aktionsvorschlag: „Mit eigenen Auto fahren”

6	Es liegt „Laufen” vor, und	Aktionsvorschlag:„Nimm das Wetter ist schlecht
	Mantel und gehe zu Fuß”	
7	Es liegt „Laufen” vor, und zu das Wetter ist gut	Aktionsvorschlag: „Gehe Fuß”

Im Verlauf der Schlußfolgerungen erfragt das Expertensystem vom Benutzer folgende Parameter:

Frage	**Antwort**
Welche Entfernung liegt vor?	1,5 km
Welche Zeit bleibt bis zum Vorstellungsbeginn?	25 Min.
Ist das Wetter gut oder schlecht?	gut

In diesem Beispiel trifft die Schlußfolgerung 3 mit der Schlußfolgerung „Laufen” zu. In der Aktionsregel 7 werden „Laufen” und „Das Wetter ist gut” zusammengeführt zum Aktionsvorschlag „Gehe zu Fuß”. Die Regelbasis ist jederzeit um Entscheidungsvarianten erweiterbar, ohne daß auf die bestehenden Regeln Bezug genommen werden muß.

4 Überblick über bestehende Expertensysteme

4.1 Funktionsorientierte Expertensysteme

Expertensysteme unterscheidet man allgemein nach folgenden, zumindest teilweise implementierten Funktionen:

— Diagnostizieren,
— Analysieren und Interpretieren,
— Suchen,
— Planen,
— Beraten,
— Beweisen,
— Lehren und
— Konstruieren.

Aus der Abbildung 13 geht hervor, daß bisher die meisten Systeme für die Gebiete Medizin und Chemie entwickelt wurden. Die größte Anzahl der Systeme entstand an der privaten Stanford University, gefolgt von der Carnegie Mellon University und dem Massachusetts Institute of Technology (M.I.T.) in den USA.

Über die obengenannten Aufgaben hinaus übernehmen Expertensysteme als Werkzeug z.B. auch das Konstruieren anderer Expertensysteme.

In der Bundesrepublik Deutschland gelangten bislang nur ca. zwanzig Expertensysteme zum Einsatz. Es sind aber ca. 300 Projekte mit der Entwicklung von Expertensystemen befaßt.

Funktion	Einsatzgebiet	Name des Systems
Diagnose	Medizin	PIP
	"	CASNET
	"	INTERNIST
	"	MYCIN
	"	PUFF
	Computertechnik	DART
Analyse von Daten	Geologie	DIPMETER
	ADVISOR	
	Chemie	DENDRAL
	Chemie	GA1
	Geologie	PROSPECTOR
Analyse	Mathematik	MACSYMA
	Mechanische Probleme	MECHO
Entwurf	Computersystem Konfiguration	XCON
	Chemische Synthese	SYNCHEM
Planung	Chemische Synthese	SECHS
	Robotik	NOAH
	Robotik	ABSTRIPS
Signal Interpretation	Sprachverstehen	HEARSAY II
Überwachung	Krankenhausbetrieb	VM
Computer Aided Instruction	Elektronische Fehlerbeseitigung	SOPHIE
	Medizinische Diagnose	GUIDON
Wissensakquisation	Medizinische Diagnose	TEIRESIAS

Abbildung 13: Die bekanntesten und bereits genutzten Expertensysteme gegliedert nach Funktionsbereich und Einsatzgebiet.

4.2 Zeitliche Entwicklung ausgewählter Expertensysteme

Anhand Abbildung 14 wird die zeitliche Entwicklung einiger ausgewählter Expertensysteme vorgestellt. Wie zu erkennen ist, sind im Laufe der Jahre aus wenigen Expertensystemen Weiterentwicklungen entstanden, die heute in unterschiedlichen Anwendungsbereichen eingesetzt werden.

Die wichtigsten Expertensysteme sollen in den nachfolgenden Abschnitten näher beschrieben werden.

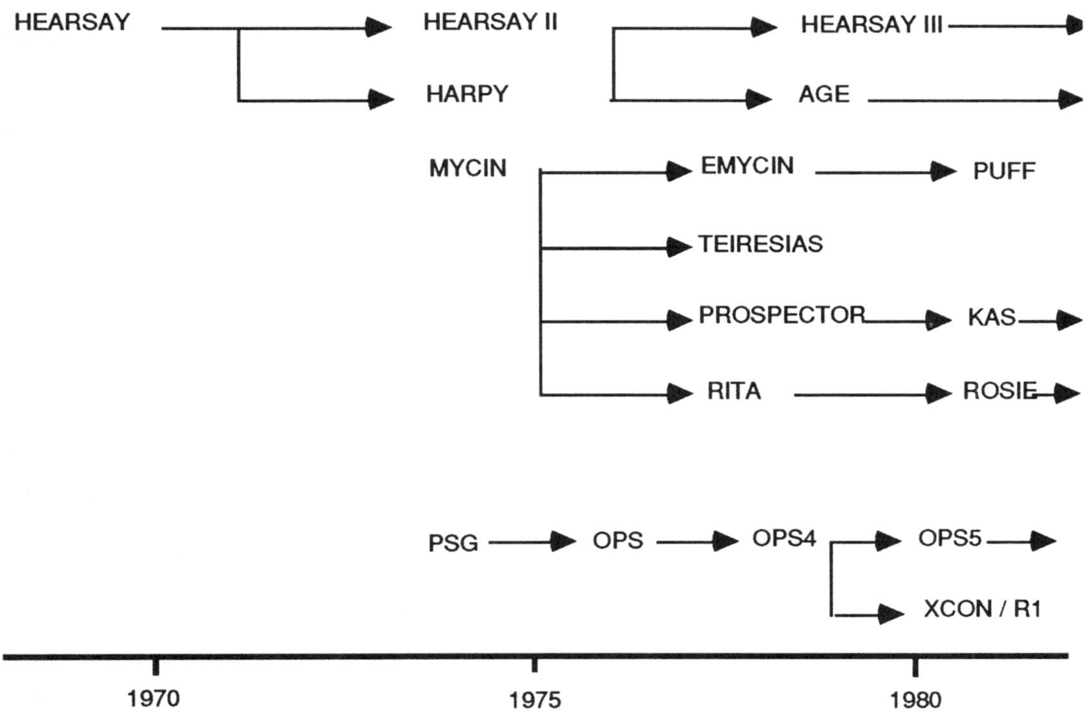

Abbildung 14: Zeitliche Entwicklung einiger ausgewählter Expertensysteme

4.2.1 Expertensystem DENDRAL

Mitte der 60er Jahre wurde von Edward A. Feigenbaum an der Stanford University u.a. DENDRAL konzipiert.

DENDRAL ist ein heuristisches Expertensystem, das Strukturen organischer Moleküle findet. Basierend auf der Analyse und Interpretation von Daten aus einem Massenspektrometer erzeugt es Atombindungsgrafen organischer Moleküle.

Gefüttert wird das Expertensystem mit der Summenformel und dem Massenspektrogramm einer chemischen Verbindung; das Ergebnis ist eine Liste von Strukturformeln, die für die gegebenen Daten am ehesten zutreffen, geordnet von den wahrscheinlichsten zu den weniger wahrscheinlichen Strukturen.

4.2.2 Expertensystem MYCIN

MYCIN ist ein Expertensystem zum Diagnostizieren einer Reihe von bakterieller Infektionskrankheiten. Es wurde 1976 an der Stanford University entwickelt und gilt heute als das erste richtige Expertensystem überhaupt. Im Gegensatz zu DENDRAL besaß MYCIN eine Erklärungskomponente.

MYCIN enthält über 800 Entscheidungsregeln und ist eine Synthese aus klinischen Informationen und verschiedenen Theraphievorschlägen. Als Beispiel dient eine typische Regel, die den Zusammenhang zwischen beobachteten Daten und Befund herstellt und bereits im Beratungsdialog in Abbildung 9 aufgeführt wurde.

Im Dialog erfragt MYCIN Angaben über einen Patienten und entwickelt daraus die Diagnose und einen Therapievorschlag.

Im einzelnen erbringt MYCIN folgende Leistungen:

— Hypothesenbildung: Aus vorliegenden Befunden entwickelt MYCIN Hypothesen über mögliche Krankheitserreger.

— Befundermittlung: Um Entscheidungen über Hypothesen treffen zu können, schlägt MYCIN klinische Untersuchungen zum Ermitteln weiterer Befunde vor.

— Therapievorschlag: Ist der Krankheitserreger gefunden, schlägt MYCIN die Art des Medikaments, Dosierung und Verabreichungsdauer vor.

Auf Wunsch begründet MYCIN seine Fragen und Aussagen. Es erklärt, aus welchen Informationen die Aussage abgeleitet wurde und erläutert bei jeder Frage den Zweck.

MYCIN eignet sich für mehrere Einsatzgebiete:

— Ermitteln von Erregern bestimmter bakterieller Infektionskrankheiten.

— Planen von Therapien zur Bekämpfung der MYCIN bekannten Erreger.

— Prognostizieren des Krankheitsverlaufs mit und ohne Behandlung.

— Ausbilden von Ärzten, da MYCIN die Argumentationsweise erfahrener Ärzte nachbildet.

Die Systemstruktur von MYCIN (Abb. 15) zeigt folgende Abweichungen zu der allgemein üblichen Architektur von Expertensystemen:

— Neben der Wissensbasis stehen zusätzlich zwei Datenbasen zur Verfügung. In der Datenbasis 1 sind Patientendaten wie Alter, Geschlecht usw. enthalten. Die Datenbasis 2 sammelt dynamische Daten, die aus Zwischenergebnissen der laufenden Beratung entstehen.

— Es ist keine spezielle Dialogkomponente vorhanden.

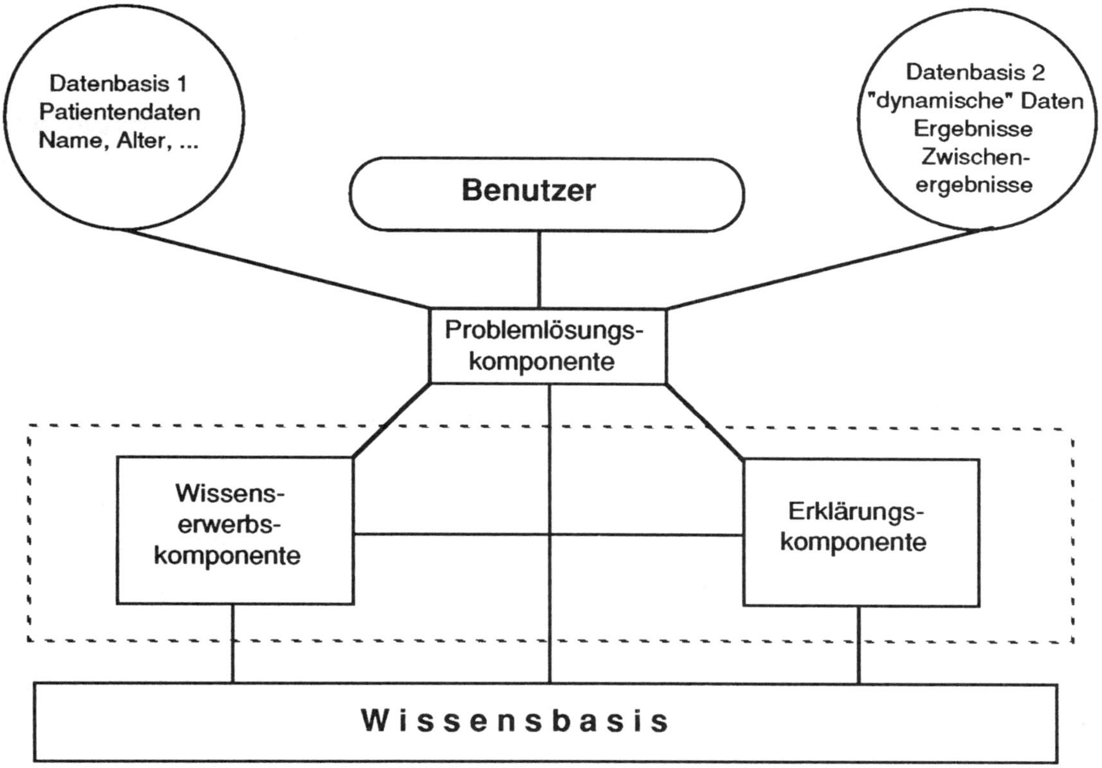

Abbildung 15: Systemstruktur von MYCIN

Nach der erfolgreichen Anwendung von MYCIN tauchte die Frage auf, ob das gleiche System nicht auch auf andere Wissensbereiche übertragbar ist. Nach Entfernen der medizinischen Wissensbasis entstand so eine Hülle, die zwar ein funktionstüchtiges Expertensystem jedoch ohne bereichsspezifisches Wissen. Diese Hülle kann als Entwicklungssystem für neue Expertensysteme genutzt werden. Bei diesem als Expertensystem-Shell bezeichneten Entwicklungssystem ist lediglich die Wissensbasis anhand des Expertenwissens neu zu erstellen. Alle anderen Elemente, wie Schlußfolgerungsmechanismus, Erklärungskomponente usw. müssen nicht neu implementiert werden. Das aus MYCIN gewonnene Entwicklungssystem heißt EMYCIN (das E steht für essential oder empty).

4.2.3 Expertensystem XCON

Ein anderes Musterbeispiel für eine nutzbringende Expertensystemanwendung ist XCON, das ursprünglich R1 hieß. Seine Aufgabe ist das Konfigurieren von Rechenanlagen des Typs VAX-11/780 der Digital Equipment Corporation (DEC). Aufgrund eingegebener Kundenaufträge produziert es Diagramme, die die räumliche Beziehung zwischen den Komponenten der bestellten Anlage zeigen. Die Kundenaufträge werden auf Vollständigkeit geprüft und gegebenenfalls ergänzt. Techniker nutzen die Diagramme, um das System physisch zu montieren.

Zur Konfiguration von Rechenanlagen sind zwei Arten von Wissen erforderlich:

— **Komponentenwissen**
  Information über jede Komponente, z.B. Spannung, Frequenz, Schnittstellenbelegung usw.
  Im Durchschnitt muß der Fachmann acht Merkmale einer Komponente berücksichtigen. Zu einer VAX gehören mehr als 400 Komponenten. Damit muß XCON Zugang zu etwa 3300 Informationen haben. Da ständig neue Komponenten hinzukommen, ist eine ständige Wartung und Erweiterung der Wissensbasis erforderlich.

— **Wissen um Randbedingungen**
Einschränkungen und Randbedingungen, die es ermöglichen, Komponenten zu Komponentengruppen und diese wiederum zu Systemkonfigurationen zusammenzustellen, sind als Regeln formuliert. XCON verfügt über ca. 2 500 Konfigurationsregeln. Es wurde als Produktionssystem, d.h. als eine Menge von Wenn-Dann-Regeln mit Vorwärts-Verkettung geschrieben.

Eine weitere Entwicklung und zugleich eine Ergänzung zu XCON ist das Expertensystem XSEL. Im Gegensatz zu XCON geht es nicht von einem Auftrag aus, bei dem die Komponenten bereits ausgewählt sind, sondern baut die Brücke zwischen der vom Kunden beabsichtigten Anwendung und der dazu erforderlichen Konfiguration.

In der ersten Phase erarbeitet XSEL im Dialog einige Standardangaben, die zur Identifikation des Auftrags gehören.

In der zweiten Phase fragt das System den Benutzer, welche Komponenten er benötigt. XSEL führt dann eine einfache Konsistenzprüfung durch, um zu gewährleisten, daß die bestellten Komponenten zueinander passen. Dabei muß der Benutzer die Komponenten nicht genau bezeichnen. Es genügt vielmehr die Leistung zu beschreiben, wie Größe der Speicher oder Geschwindigkeit des Druckers. XSEL wählt dann aufgrund seines Wissens und bestimmter Kriterien unter verschiedenen Alternativen die entsprechenden Komponenten. Hierzu können auch mathematische Berechnungen beitragen, beispielsweise zum Ermitteln der Größe des

Hauptspeichers, wenn rechenintensive sowie eingabe- oder ausgabeintensive Programme ablaufen sollen.

In der dritten Phase stellt XSEL dem Benutzer eine Anzahl von Fragen über den zur Aufstellung einer Rechenanlage verfügbaren Raum.

Die zukunftsweisenden Expertensysteme XCON und XSEL bei DEC (Abbildung 16) helfen also Kunden und Verkäufer, Angebote zuverlässig und schnell auszuarbeiten. Auswahlentscheidungen werden dem Benutzer auf Wunsch erklärt.

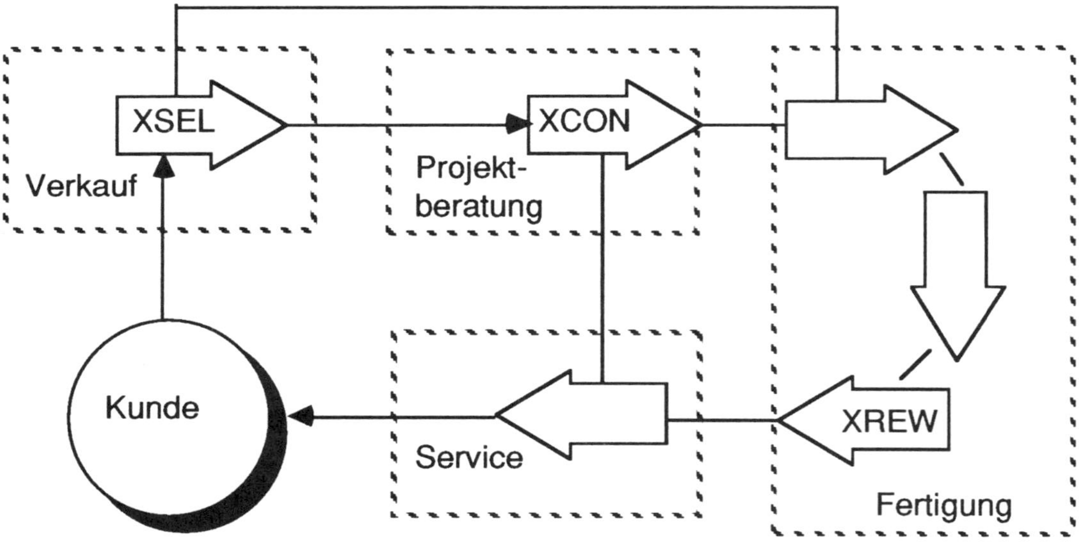

Abbildung 16: Knowledge Network zur organisatorischen Verbindung von Expertensystemen

Mittels einem Knowledge Network will DEC die Expertensysteme, die zu unterschiedlichen Zeitpunkten und an unterschiedlichen Orten benötigt werden, in den Geschäftsablauf integrieren.

4.2.4 Weitere Expertensysteme und Entwicklungsumgebungen

MACSYMA wurde am M.I.T. entwickelt. Es formt mathematische Ausdrücke um und berechnet sie, z.B. symbolische Differentiation und Integration. MACSYMA enthält Hunderte von Regeln, die von Mathematikern gesammelt wurden. Jede Regel beschreibt den Weg, wie ein Ausdruck in einen äquivalenten Ausdruck umgeformt werden kann. Wie DENDRAL übertrifft auch MACSYMA die Fähigkeiten einzelner Experten und wird daher intensiv von Wissenschaftlern genutzt.

Das Expertensystem DIPMETER ADVISOR unterstützt die Ölsuche, indem es Meßergebnisse bei Probebohrungen interpretiert. Es wurde Anfang der 80er Jahre entwickelt und ist eines der ersten Expertensysteme, die kommerziell genutzt wurden.

Mit Hilfe des Expertensystems SIAP werden komplexe akustische Signale interpretiert, die zum Identifizieren und zum Bestimmen der Position von Schiffen benötigt werden.

Das System PROSPECTOR ermittelt bei der Suche von Mineralvorkommen, ob es günstig ist, in einer bestimmten Region nach einer speziellen Erzart zu suchen oder nicht. Weiterhin kann PROSPECTOR ein günstiges Feld innerhalb dieser Region auswählen und den Nutzen von potentiellen Bohrplätzen innerhalb eines Feldes quantifizieren. Bereits bei einem Probelauf prognostizierte es in einem noch unerforschtem Gebiet ein Molybdän-Lager, dessen Existenz dann durch Probebohrungen bestätigt wurde.

EXPERT ist ein Werkzeug zur Entwicklung von Expertensystemen. Es wird vornehmlich zum Erstellen von Konsultationsmodellen im medizinischen Bereich verwendet. EXPERT ging aus dem System CASNET hervor, das zur Konsultation und Diagnose der Augenkrankheit Grüner Star entwickelt wurde.

Mittels EMYCIN wurde das System PUFF entwickelt, daß zur Diagnose von Lungenkrankheiten eingesetzt wird, indem es die Auswertung von Lungenfunktionsdiagrammen unterstützt.

Mit der Diagnose von Krankheiten der inneren Medizin beschäftigt sich das Expertensystem INTERNIST. Entwickelt wurde INTERNIST an der Universität Pittsburgh zum Diagnostizieren einer ganzen Reihe unterschiedlicher Erkrankungen. Bei diesem System führt eine qualifizierte schrittweise Beweisführung zur Lösung. Bei Bedarf kann das System auch Rückfragen stellen.

Systemname	**Medizinisches Fachgebiet**
Casnet	Glaucoms
Czentaur	Auswertung von Lungenfunktionsprüfungen
EMYCIN/HEADMED	Präskription von Psychopharmarka
EMYCIN/PUFF	Auswertung von Lungenfunktionsprüfungen
Expert/P1	Innere Medizin
Expert/Thyroid	Schilddrüsenerkrankungen
Expert/Connective, Tissue Disenses	Erkrankungen des Bindegewebes
INERNIST I/II	Innere Medizin
IRIS	Augenheilkunde
MOX	Cholestase
MYCIN	Bakterielle Infektionen und Antibiotika-Therapie
PIP	Nierenleiden
VM	Datenauswertung in der Intensivstation

Abbildung 17: Einige der bekanntesten Expertensysteme im medizinischen Bereich

Bei dem System TEIRESIAS handelt es sich um eine zur Wissensakquisation ausgebaute Erklärungskomponente von MYCIN. Unstimmigkeiten bei der Wissensakquisation werden dadurch gelöst, daß TEIRESIAS mit dem Spezialisten einen Dialog führt und seine Ableitung einzelner Regeln oder ausgewählter Fälle in natürlich-sprachlicher Form demonstriert und begründet. Ist der Experte mit einzelnen Urteilen oder Schlußfolgerungen nicht einverstanden, unterstützt es ihn, die entsprechenden Regeln am

Bildschirm in natürlicher Sprache zu ergänzen oder zu ändern. Bei einer Änderung der Wissensbasis überprüft TEIRESIAS die Korrekturen auf Konsistenzen mit den anderen Regeln.

ROSIE, eine Entwicklung der Rand Corporation, ist ein allgemein anwendbares System zur Konstruktion und Entwicklung neuer Expertensysteme. Es ging aus dem mit gleichen Aufgaben betrauten Expertensystem RITA hervor.

HEARSAY II ist ein Expertensystem zum Verstehen natürlicher Sprache. Es wurde an der Carnegie Mellon University entwickelt und verfügt in etwa über den Wortschatz eines zehnjährigen Kindes (ca. 1 000 Wörter). HEARSAY III und AGE sind voneinander unabhängige Weiterentwicklungen auf der Grundlage von HEARSAY II.

Nicht nur im medizinischen Bereich werden Diagnosesysteme genutzt. So hat der französische Erdölkonzern Elf das Expertensystem DRILLING ADVISOR entwickelt. Es diagnostiziert Störfälle bei Ölbohrungen und macht Vorschläge für deren Beseitigung.
Am Batelle-Institut entwickelte man das Expertensystem EXPLAN 1, das elektrische Pannen in Kraftfahrzeugen diagnostiziert. Auch viele Computerfirmen nutzen Diagnosesysteme zum Feststellen von Hardwarefehlern. APE (Automatischer Programmier-Experte) unterstützt das Programmieren von Expertensystemen, in dem es aus abstrakten Datentypen und Algorithmen lauffähige LISP-Programme entwickelt.

Die vorgestellte Auswahl von Expertensystemen gibt einen ersten Überblick über die Vielzahl unterschiedlicher Aufgaben, die mit Hilfe dieser Systeme gelöst werden können. Im nächsten Kapitel werden mögliche Einsatzbereiche für Expertensysteme mit den jeweils bestehenden Randbedingungen aufgezeigt.

5 Expertensysteme in der Anwendung

5.1 Instandhaltung

In den vergangenen Jahren wurde eine Entwicklung eingeleitet, die zur weitgehenden Automatisierung der Handhabungs-, Fertigungs- und Transporteinrichtungen führte. Automatisierte Betriebsmittel sind meist durch einen komplizierten technischen Aufbau gekennzeichnet, der mit einer größeren Störanfälligkeit einhergeht. Daneben werden Maschinen und Anlagen in zunehmendem Maße als Elemente eines großen Anlagenverbunds genutzt. Der Ausfall nur eines Elements kann folglich den ganzen Anlagenkomplex stillegen. Störungen verursachen nicht nur beträchtliche Instandsetzungskosten, sondern können auch zu längeren Stillstandszeiten und größeren Produktionsausfällen führen. Die damit verbundenen Kosten gefährden die Rentabilität eines ganzen Unternehmens.

Die Instandhaltung hat als Folge dieser Entwicklung eine zunehmende Bedeutung erlangt. Um die Anlagenverfügbarkeit sicherzustellen oder sogar zu erhöhen, könnten Expertensysteme Aufgaben, wie Fehlerdiagnose, Inspektion und Instandhaltungsplanung unterstützen.

5.2 Fehlerdiagnose

Bei hochkomplexen Anlagen, wie Transferstraßen, flexiblen Fertigungszellen usw., bereitet es dem Instandhaltungspersonal erhebliche Schwierigkeiten, Störungen schnell zu erkennen und zu lokalisieren.

Da trotz intensiver Ausbildung die Zeit für die Fehlerdiagnose nach wie vor einen beachtlichen Anteil an der gesamten Stillstandszeit hat, könnte ein Expertensystem hier von größtem Nutzen sein. Insbesondere kleine und mittelständische Unternehmen sind oftmals auf den Wartungstechniker des Herstellers angewiesen. Lange Stillstandszeiten sind alleine schon durch die Anfahrtzeiten des Technikers gegeben. Ein Expertensystem kann die Unabhängigkeit vergrößern und auch dem nicht so spezialisierten Instandhalter die Störungsbeseitigung erleichtern.

Es sind zwei grundsätzliche Varianten von Systemen zur Fehlerdiagnose denkbar:

— Das Expertensystem ist in die Produktionsanlage fest integriert. Sensoren in Verbindung mit Fehlererkennungstechniken, wie das Erkennen logisch unzulässiger Zustände oder das Lokalisieren von Störungen, versorgen das System mit aktuellen Daten, um daraus eventuell sogar Reparaturanleitungen abzuleiten.

— Der Instandhalter lokalisiert die Störquelle im Dialog mit dem getrennt von der Anlage installierten Expertensystem.
Aus dem Ist-Verhalten der Produktionsanlage kann das Expertensystem auf die fehlerhafte Komponente schließen. Dazu muß das Sollverhalten der technischen Anlage bekannt sein. Erforderlich ist ein Repräsentationsschema, innerhalb dessen der Aufbau und das Verhalten der Produktionsanlage beschrieben ist. Mit einem intelligenten Diagnosesystem können die Stillstandszeiten um durchschnittlich 35% verringert werden.

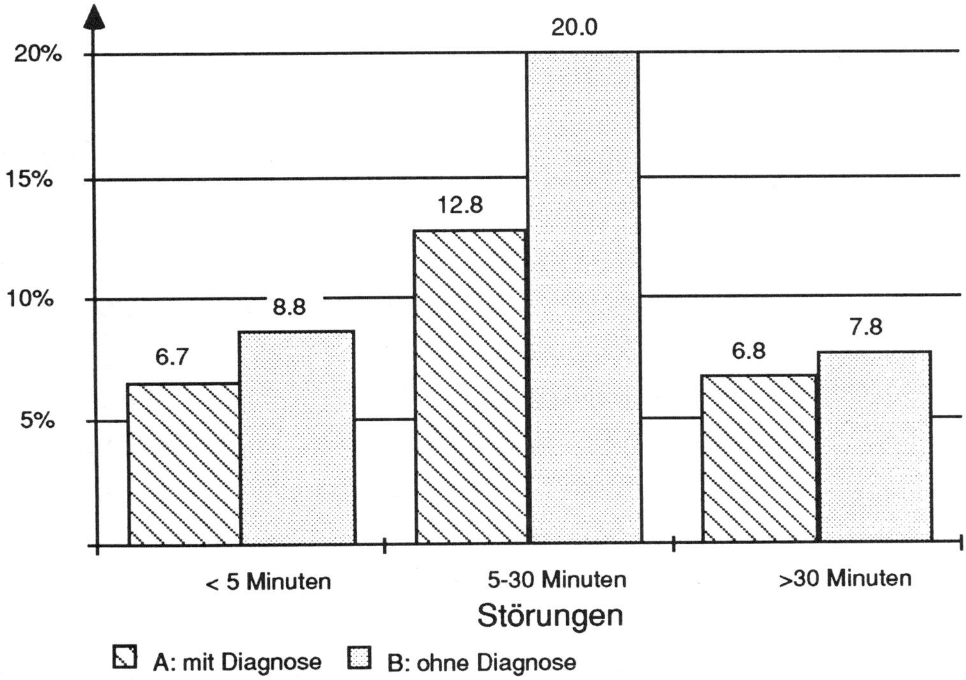

Abbildung 18: Störverhalten mit und ohne Diagnose

5.3 Inspektion

Unter Inspektion versteht man alle Maßnahmen zur Feststellung und Beurteilung eines Istzustands. Im Rahmen einer Inspektion wird die Funktionsfähigkeit überprüft und eventuelle Mängel festgestellt.

In der Instandhaltungspraxis wird immer häufiger die inspektionsorientierte Instandhaltungsplanung angewandt. Durch laufende Inspektionen an einer Anlage ist deren Istzustand permanent bekannt.

An eine Inspektion sind folgende Anforderungen zu stellen:

— Der Inspekteur muß über große Erfahrung und ein zuverlässiges Urteilsvermögen verfügen.

— Das Inspektionsergebnis (Istzustand) muß aufgrund des Sollzustandes und der möglichst exakt festgelegten Schadensgrenze interpretierbar sein. Das Festlegen von Schadensgrenzen ist dabei die wichtigste Aufgabe. Wann ist ein Bauteil oder Element soweit abgenutzt oder beschädigt, daß es die Funktionsfähigkeit der Anlage gefährdet? In der Praxis wird die Schadensgrenze durch Auswerten von Schadensbildern und -berichten, Herstellervorschriften und insbesondere durch Erfahrungen betrieblicher Fachleute ermittelt.

Ein Expertensystem könnte die skizzierten Anforderungen dadurch sicherstellen, daß der Inspekteur vom System exakte Anweisungen erhält, welche Elemente er wie, wo und wann prüfen soll. Der Inspekteur untersucht das angegebene Element und teilt das Prüfungsergebnis dem Expertensystem mit. Für jedes Bauteil könnte ein Menü bereitstehen, in dem mögliche Istzustände bereits vorgegeben sind. Das System vergleicht sofort den Istzustand mit dem Sollzustand bzw. der Schadensgrenze und gibt bei Bedarf sofort eine Reparatur oder Austauschanweisung.

Der Vorzug dieses Verfahrens wäre, daß die Inspekteure gleiche Elemente jeweils auch nach gleichen Richtlinien prüfen und daß kein Element vergessen wird. Da Elemente mitunter schwer zugänglich sind und deren Inspektion daher eine Demontage der Anlage erfordert, würde eine sofortige

Austauschanweisung spätere wiederholte Demontagen überflüssig machen. Die Stillstandszeiten würden sinken.

Voraussetzung ist aber, daß erfahrene Experten ihr Wissen bezüglich der Schadensgrenze und der ausfallgefährdeten Teile in die Wissensbasis des Systems einbringen und dadurch anderen Benutzern zur Verfügung stellen.

5.4 Instandhaltungsplanung

Die vorbeugende Instandhaltung beruht auf dem Grundgedanken, ein Element vor dem wahrscheinlichen Ausfall auszutauschen. Damit wird zwar die Nutzungszeit eines Elements verkürzt, die Ausfallzeit einer Anlage durch Störungen jedoch verringert. Spezielle Expertensysteme könnten die vorbeugende Instandhaltungsplanung mit Hilfe komplizierter Strategien unterstützen.

Kennzeichnend für diese Strategien ist, daß sie nur für die verschiedenartig zusammengesetzten Anlagen anwendbar sind. Diese Strategien sind dann oft zweckmäßig, wenn sich die Elemente einer Anlage gegenseitig beeinflussen, wobei verschiedene Formen der Abhängigkeit auftreten können:

— Die Zustandsverschlechterung eines Elementes kann auch Auswirkungen auf die Funktionstüchtigkeit anderer Elemente haben (stochastische Abhängigkeit).

— Durch eine Instandhaltungsaktion an einem Element können auch andere Elemente betroffen sein (technische Abhängigkeit).

— Die Kosten einer gemeinsamen Instandhaltungsaktion für mehrere Elemente ist billiger als die Summe der individuellen Instandhaltungskosten (wirtschaftliche Abhängigkeit).

Ein Expertensystem, das diese Abhängigkeiten berücksichtigt, hätte für die vorbeugende Instandhaltungsplanung einen erheblichen Wert.

5.5 Personalwirtschaft

Im Bereich der Personaleinsatzplanung ist die Verteilung der in einer Organisation verfügbaren Mitarbeiter auf die vorhandenen Stellen mit viel Fingerspitzengefühl verbunden. Entsprechend den qualitativen, quantitativen, zeitlichen und örtlichen Anforderungen an den Leistungsprozeß könnte die qualitative Zuordnung von Mitarbeitern durch Expertensysteme unterstützt werden.

Obwohl der Stand der Theorienbildung in der Personalwirtschaft allgemein noch unbefriedigend ist, kann wegen der in der Praxis vorherrschenden strukturierten personalwirtschaftlichen Entscheidungsfindung ein Einsatz von Expertensystemen durchaus sinnvoll sein.

Um eine Personalzuordnung vornehmen zu können, müssen folgende Informationen vorliegen (Abbildung 19):

— Anforderungen des Arbeitsplatzes an den Mitarbeiter,

— Fähigkeiten der Mitarbeiter und

— individuelle Bedürfnisse der Mitarbeiter.

Diese Informationen für die Personaleinsatzplanung werden meist durch Anforderungs-, Fähigkeits- und Bedürfnisanalysen gewonnen. Das Ergebnis der Analysen ergibt ein entsprechendes Profil.

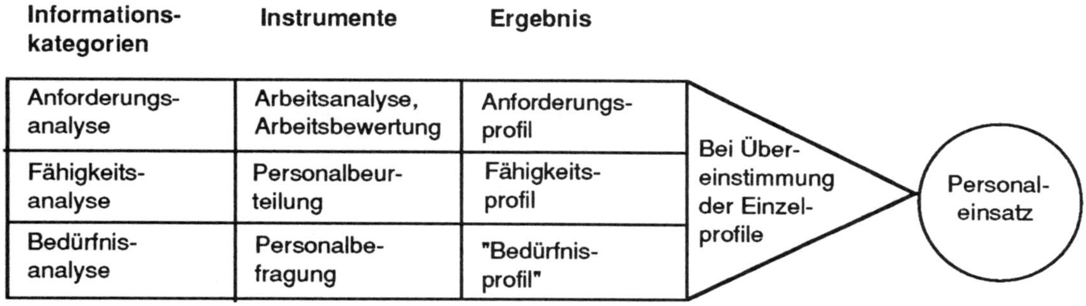

Abbildung 19: Informationen für die Personaleinsatzplanung

Mit Hilfe der Arbeitsanalyse werden die vom Mitarbeiter zu erfüllenden Anforderungen für einen Arbeitsplatz gewonnen (siehe Abbildung 20).

Kenntnisse	**Ausbildung, Erfahrung, Denkfähigkeit**
Geschicklichkeit	Handfertigkeit, Körpergewandheit
Verantwortung	für die eigene Arbeit, für die Arbeit anderer, für die Sicherheit anderer
geistige Belastung	Aufmerksamkeit, Denktätigkeit
muskelmäßige Belastung	Dynamische Muskelarbeit, statische Muskelarbeit, einseitige Muskelarbeit
Umgebungseinflüsse	Klima, Nässe, Öl, Fett, Schmutz, Staub, Gase, Dämpfe, Lärm, Erschütterung, Blendung oder Lichtmangel, Erkältungsgefahr, Schutzkleidung, Unfallgefährdung

Abbildung 20: Anforderungsarten nach REFA

Um die Ergebnisse der Arbeitsplatzanalyse zum Zweck der Personalzuordnung nutzen zu können, sind Arbeitssituation, Arbeitsinhalte sowie geistige, körperliche und psychische Anforderungen in möglichst detaillierter Form zu erfassen. Dabei sind vor allem solche Merkmale zu verwenden, denen auf der Mitarbeiterseite äquivalente Fähigkeitsmerkmale gegenübergestellt werden können. Beim anschließenden Bewerten der Arbeit wird jede Anforderungsart – im Hinblick auf einen bestimmten Arbeitsplatz – ein numerischer Wert zugeordnet und dadurch ein Arbeitsprofil für diesen Arbeitsplatz erstellt (Abbildung 21).

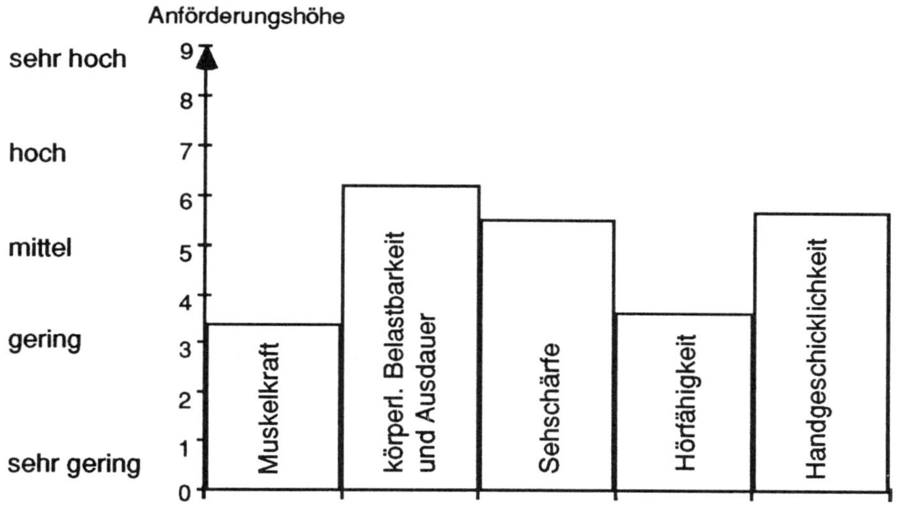

Abbildung 21: Beispiel für ein Anforderungsprofil: Löten

Die Art, wie ein Anforderungsprofil ermittelt wird, ist mit Recht umstritten, soll hier aber nicht Gegenstand weiterer Betrachtung sein.

Beim Zuordnen eines Mitarbeiters zu seinem Arbeitsplatz geht man häufig davon aus, eine möglichst hohe Übereinstimmung zu erreichen. Der Eignungskoeffizient beschreibt diesen Grad zwischen Übereinstimmung der Fähigkeiten des Mitarbeiters und Anforderung an den Mitarbeiter durch den Arbeitsplatz. Für diese Zuordnung existieren verschiedene Regeln und Verfahren. Es ist daher denkbar, daß ein Expertensystem die qualitative Zuordnung von Mitarbeitern zu Arbeitsplätzen übernehmen kann.

Am Beispiel des Rangordnungsverfahrens soll die Problematik einer heuristischen Zuordnung beschrieben werden.

Für jeden Arbeitsplatz ist der beste Mitarbeiter zu finden. Diese Forderung ist dann unproblematisch, wenn für jede der Stellen ein anderer Mitarbeiter am besten geeignet ist. Weist ein Mitarbeiter aber für mehrere Stellen die höchste Eignung auf, müssen zusätzliche Kriterien von Expertensystemen herangezogen werden, wie Kontinuität des Arbeitsplatzes, Alter der Mitarbeiter, besondere Eigenschaften der Mitarbeiter, persönliche Neigungen und Interessen der Mitarbeiter (z.B. bezüglich der örtlichen und zeitlichen Arbeitsbedingungen, der Möglichkeit des sozialen Kontaktes usw.) und Weiterbildungsmöglichkeiten.

Welches Kriterium für welchen Arbeitsplatz besonders relevant ist, kann dann nur aufgrund der Erfahrung und Sachkenntnis eines Fachmanns abschließend entschieden werden.

In einer weiteren Methode des Profilvergleichs wird das Anforderungsprofil des Arbeitsplatzes dem Fähigkeitsprofil des Mitarbeiters gegenübergestellt (Abbildung 22).

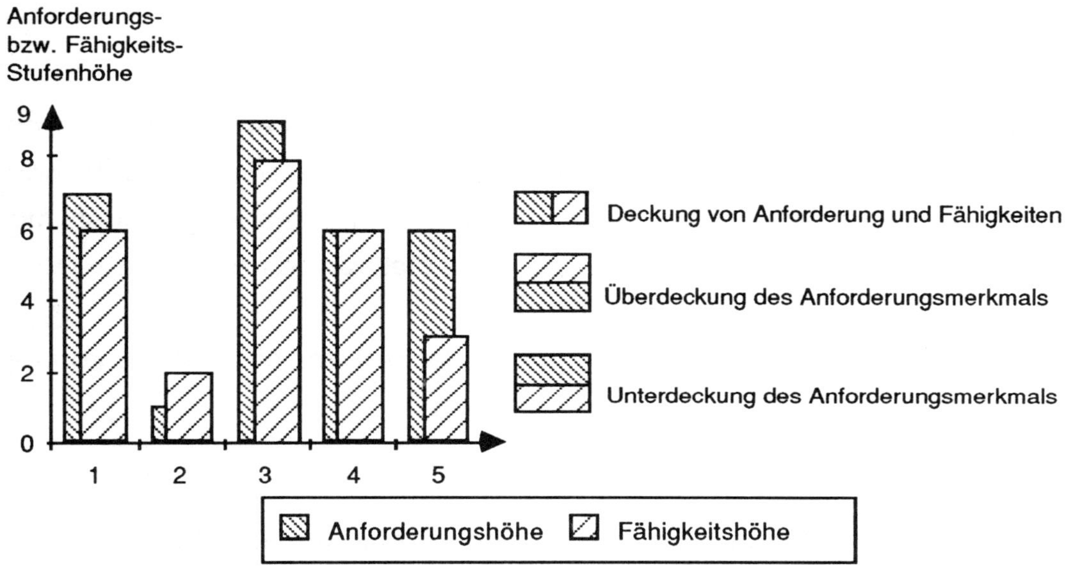

Abbildung 22: Profilvergleich

Ziel der Profilvergleichsmethode ist es, eine weitgehende Deckung von Anforderung und Fähigkeit zu erreichen. Eine vollständige Deckungsgleichheit wird nur in den seltensten Fällen vorhanden sein. Daher müssen Bandbreiten angegeben werden (z.B. Mindestanforderungen), bei denen eine Unter- oder Überdeckung der Anforderungsmerkmale noch erfolgversprechend ist. Die richtige Wahl der Bandbreite setzt wiederum ein hohes Maß an Erfahrung voraus, da auch soziale Gesichtspunkte berücksichtigt werden müssen.

Alle aufgezeigten Probleme eignen sich aber, mittels eines Expertensystems unterstützt zu werden.

5.6 Verwaltung

Im Büro der Zukunft wird ein großer Teil der Korrespondenz über moderne Bürokommunikationssysteme und Telekommunikationsdienste (z.B. wie Teletex) abgewickelt werden. Dadurch eröffnet sich die Möglichkeit, mit Expertensystemen die übliche Korrespondenz elektronisch zu bearbeiten.

Ein Büro-Expertensystem zur Bearbeitung der elektronischen Post könnte entscheiden,

- ob eingehende Post vorgelegt, gelöscht oder archiviert werden soll,
- ob der Brief an andere innerbetriebliche Stellen weiterzuleiten ist,
- ob Bezugskorrespondenz bereitzustellen ist,
- ob auf maschinellem Weg eine Antwort generiert werden kann,
- ob ein Zwischenbescheid gegeben werden soll,
- ob der Brief nach Ablauf einer Frist wieder vorgelegt werden soll und
- mit welcher Priorität ein Brief vorzulegen ist.

Ein weiteres Anwendungsgebiet für Expertensysteme in der Verwaltung ist die Terminplanung; z.B. sind Termine für Konferenzen zu finden, an denen mehrere Mitarbeiter einer Abteilung teilnehmen müssen, obwohl zahlreiche und komplizierte Terminrestriktionen bestehen. Im Rahmen von Bürokommunikationssystemen ist das teilautomatische Führen von Terminkalendern sogar sinnvoll. Auch können individuelle Einschränkungen und Präferenzen im persönlichen Terminkalender in Form von Produktionsregeln festgehalten werden.

Ein erster interessanter Ansatz für ein allgemeingültiges Terminplanungsverfahren wurde mit dem Expertensystem NUDGE erreicht. Bislang sind aber noch keine wissensbasierten Terminabstimmungsprogramme im Einsatz.

5.7 Kreditgewerbe

5.7.1 Vergabe von Unternehmenskrediten

Beim Gewähren eines Kredits trägt meistens die Bank das Risiko. Dieses Risiko besteht darin, daß die vereinbarten Zahlungen nicht ordnungsgemäß während der Laufzeit beim Kreditinstitut eintreffen.

Um das Kreditrisiko herabzusetzen, wird im Rahmen der Kreditprüfung eine Bewertung der Kreditwürdigkeit vorgenommen. Diese Bewertung hat die Aufgabe, die gegenwärtigen und zukünftigen Konsequenzen eines Kreditengagements möglichst genau zu beschreiben. Das Ergebnis der Bewertung ist eine Prognose über den wahrscheinlichen Ausgang eines Kreditengagements (Abbildung 23).

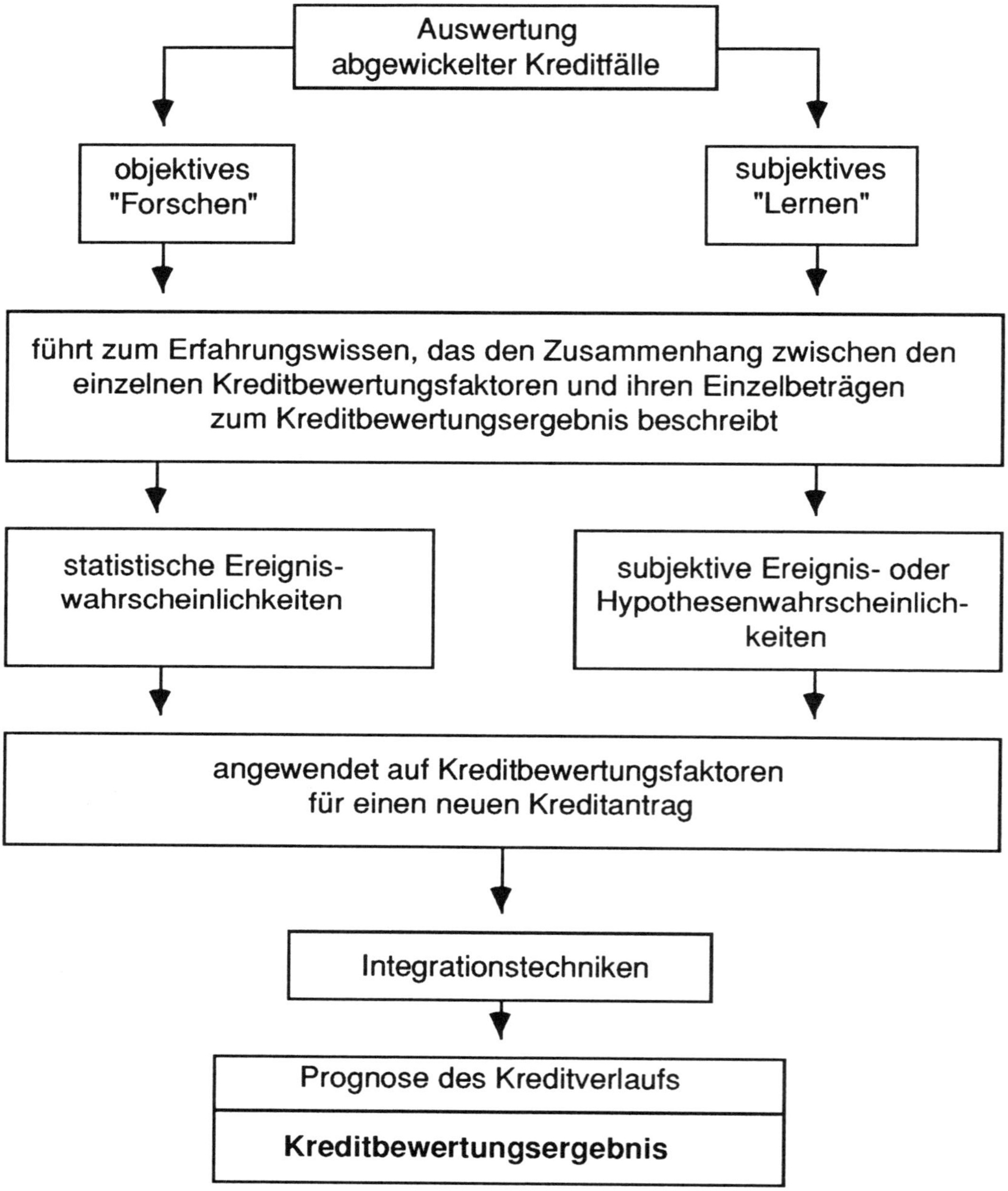

Abbildung 23: Systematik eines Kreditbewertungsverfahrens

Kernstück jedes Verfahrens sind die Kreditbewertungsfaktoren. Die wichtigsten sind:

1. Persönliche Faktoren; sie geben Auskunft über Zuverlässigkeit und Vertrauenswürdigkeit des Kreditnehmers. Bei Unternehmenskrediten wird hier besonders die fachliche Qualifikation des Managements berücksichtigt.

2. Wirtschaftliche Faktoren; sie geben Aufschluß über die Vermögens- und Einkommenssituation des Kreditnehmers. Bei Unternehmenskrediten wird die Ertrags- und Liquiditätslage beurteilt. Grundlage von Bewertungen sind u.a. Bilanzen, Gewinn- und Verlustrechnungen, der Kreditstatus, Vermögensnachweise, Finanzpläne, Statistiken über die Entwicklung von Wirtschaftsdaten wie Umsatz, Investitionen, Auftragsbestand usw.

3. Kreditsicherheiten; sie treten in Kraft, wenn der Kreditnehmer seinen Verpflichtungen nicht nachkommt. Dazu gehören z.B. Grundpfandrechte und Sicherungsübereignungen.

Aufgrund dieser Bewertungsfaktoren entscheidet ein Kreditexperte, ob ein Kredit gewährt wird oder nicht. Er stützt sich in seinem Urteil zum einen auf statistische Untersuchungen und Gesetzmäßigkeiten, zum anderen aber – und das ist der wichtigste Teil des Expertenwissens – auf Intuition und Erfahrung. Ist es im Bereich von Konsumentenkrediten aufgrund der recht gleichförmigen Sachlage noch möglich, statistische Aussagen über den allgemeinen Kreditverlauf zu machen, ist dies im Individualgeschäft, d.h. bei der Kreditvergabe an mittlere und größere Unternehmen, aufgrund der sehr unterschiedlichen Gegebenheiten nicht mehr möglich. Hier spielt also das

Erfahrungswissen des Kreditexperten eine überragende Rolle. Mit diesem Wissen angereicherte Expertensysteme könnten die Vergabe von Unternehmenskrediten zuverlässig unterstützen.

Die aufzubauende Wissensbasis für ein Expertensystem im Kreditgewerbe muß sowohl die Intuition und das Erfahrungswissen von Kreditexperten als auch statistisches Material enthalten. Gelingt es, dieses sehr umfangreiche Wissen in die Wissensbasis einzubinden, dürfte daraus für Kreditinstitute ein bedeutender Vorteil entstehen. Die Kreditentscheidung wird objektiviert, ist vom System näher begründbar und ermöglicht eine in allen Filialen einheitliche Kreditpolitik, die leicht von dem Bankvorstand modifiziert werden kann und sofort nach Einspielung in die entsprechenden Bankcomputer angewendet werden kann.

5.7.2 Anlageberatung

Ein weiteres Einsatzfeld für Expertensysteme im Bankbereich könnte die Anlageberatung sein. Auf Anfrage eines Kunden zeigt das Expertensystem für jeden Kunden eine auf seine Bedürfnisse zugeschnittene Kapitalanlage auf. Erforderliche Daten erfragt das System im Dialog.

Zwei mögliche Produktionsregeln könnten wie folgt aussehen:

wenn der Kunde einen Einkommenssteuersatz über 50% hat
und
er Markttrends sorgfältig beobachtet

	und
	er Erfahrung mit Investitionen hat,
dann	sind Anlagen aus dem High-Technology-Bereich eine gute Anlageform
wenn	Aktien aus dem High-Technology-Bereich gewählt werden sollen
	und
	nationale Investitionen bevorzugt werden
dann	kommen Schering- und Siemens-Aktien in die engere Wahl

Diese Beratungssysteme werden wahrscheinlich nur dann entsprechend genutzt, wenn der Kunde diese Beratungsleistung von zu Hause aus abrufen kann. Die nächsten Jahre werden zeigen, ob sich z.B. Bildschirmtext in den Haushalten etabliert. Ist dies der Fall, steht durch derartige Expertensysteme, gerade im Bankbereich, ein nicht zu vernachlässigendes Dienstleistungspotential zur Verfügung.

5.7.3 Aktienkursprognose

Aktienkursanalysen werden von allen größeren Bankhäusern, Brokern und Anlageberatern vorgenommen. Dabei untersucht man nachträglich, inwieweit bestimmte Faktoren auf den Aktienkurs Einfluß genommen haben, z.B.

— Wirtschaftslage,

— zukünftige Erwartungen,

— Verschuldungsgrad der Unternehmungen,

— Wechselkursverhältnisse,

— Branchenzugehörigkeit und

— Gewinn je Aktie.

Derartige Analysen können in Expertensysteme integriert werden und somit die Leistungsfähigkeit von wissensbasierten Expertensystemen steigern helfen.

Schon jetzt nutzen Anlagenberater solche Analyseergebnisse als Grundlage für Kursprognosen. Meistens beruhen sie auf einfachen Trendfortschreibungen, d.h. aus einer vergangenheitsbezogenen Analyse wird auf zukünftige – objektiv nicht abschätzbare – Entwicklungen geschlossen. Die Aktienkursprognosen sind daher sehr unsicher.

Bessere Prognosen sind mit einem Expertensystem allerdings auch kaum zu erreichen, da ein Expertensystem nicht besser werden kann als der Experte, der sein Wissen zur Verfügung stellt. Vorhersagen jeglicher Art gehören daher nicht zu den typischen Aufgaben von Expertensystemen.

5.8 Marketing

5.8.1 Fragebogengestaltung

Im Bereich des Marketing werden häufig Umfragen anhand von standardisierten Fragebögen vorgenommen. Aufbau und Formulierung der Fragen beruhen dabei im hohen Maß auf der Intuition und Erfahrung des Marketing-Spezialisten. Es sind eine Vielzahl von Regeln zur Gestaltung von

Fragebögen bekannt. Etliche Regeln sind sehr speziell und nur in bestimmten Anwendungs- und Befragungssituationen einsetzbar. Die Entscheidung wie, unter welchen Bedingungen und welche Regeln anzuwenden sind, erfordert daher viel Erfahrung.

Exemplarisch sollen einige Regeln erläutert werden.

Regeln für die Reihenfolge unmittelbar benachbarter Fragen:

— Fragen sollen stets nach Länge und Typ variieren,

— innerhalb eines Themas Fragen nach Fragetypen zusammenfassen,

— logische Reihenfolgen einhalten,

— heikle und komplizierte Fragen an das Ende eines Blocks setzen.

Regeln zur Blockbildung:

— an den Anfang interessante und persönliche sowie leichte und

— einfache Fragen stellen,

— in die Mitte sind die komplizierten Fragen zu plazieren,

— an den Schluß offene Fragen nach Sozialdaten setzen.

Regeln für die Länge des Fragebogens.

Regeln zur formalen Gestaltung:

— Gestaltung von Vor- und Rückseiten,

— Papierformat,

— Einrücken von Textstellen usw.

Um den formalen und inhaltlich richtigen Aufbau eines Fragebogens zu gewährleisten, ist die Unterstützung durch ein Expertensystem möglich.

5.8.2 Angebotserstellung und Lieferterminzusage

In der Industrie macht sich die Tendenz bemerkbar, daß neben den reinen Massenprodukten zunehmend Sonderanfertigungen nach Vorgaben des Kunden produziert werden. Gerade in der Bundesrepublik Deutschland besteht für einige Branchen (z.B. Werkzeugmaschinen) nur durch Berücksichtigung von Sonderwünschen die Möglichkeit, dem drohenden Verlust von Marktanteilen entgegenzuwirken.

Expertensysteme können in Abhängigkeit von Kundenwünschen Angebotsvarianten erstellen. Auf diesem Gebiet besteht bereits ein vielversprechender Ansatz mit dem Expertensystem XCON. Danach ist es durchaus realistisch, Lieferkomponenten auch in anderen Branchen von Expertensystemen zusammenstellen zu lassen.

Ferner läßt sich an ein Expertensystem beim Prüfen und Zusagen von Lieferterminen denken. Hier sind zum einen zahlreiche heuristische Regeln zu prüfen und zum anderen Informationen aus der Datenbank heranzuziehen, wie Verfügbarkeit von Rohmaterial, Halbzeugen und Zwischenprodukten, Produktionskapazitäten oder Lieferzusagen von Fremdmaterial.

5.9 Verkehrswirtschaft

5.9.1 Wegstreckenplanung beim Befördern gefährlicher Güter

Beim Befördern giftiger, ätzender, entzündbarer, explosiver oder radioaktiver Stoffe müssen besondere Vorkehrungen und Gesetze beachtet werden.

In der Bundesrepublik Deutschland und auch in anderen Staaten müssen gefährliche Stoffe vor dem Transport einer Gefahrengutklasse zugeordnet werden. Durch die unterschiedlichen Vorschriften ist ein Land in eine unüberschaubare Anzahl von kleinsten Gebieten, Gemeinden, Kreisen usw. unterteilt, die für bestimmte Gefahrengutklassen nicht durchfahren werden dürfen. So sind z.B. Wasser- und Naturschutzgebiete und dichtbevölkerte Wohngebiete für bestimmte Gefahrengutklassen gesperrt.

Soll z.B. ein gefährlicher Stoff einer bestimmten Gefahrengutklasse von Flensburg nach Oberstdorf transportiert werden, könnte ein Expertensystem den kürzesten erlaubten Verkehrsweg heraussuchen.

Auch könnte das System das Verkehrsmittel (Eisenbahn, Lkw, Schiff usw.) unter Vorgabe bestimmter Restriktionen bestimmen oder bei einem vorgegebenen Verkehrsmittel den kostengünstigsten Weg auswählen.

5.9.2 Tarifberechnung in der Binnenschiffahrt

In der Bundesrepublik Deutschland hat der Staat die Verkehrshoheit. Das hat zur Folge, daß kaum ein Wirtschaftsbereich derart starken Reglementierungen durch Einzelgesetze und Verordnungen unterliegt wie der Verkehr.

Auch für die Binnenschiffahrt existiert eine Vielzahl von Regelungen und Vorschriften. Sogenannte Frachtausschüsse beschäftigen sich z.B. mit dem Festlegen von Frachttarifen. Je nach Wasserweg oder Abschnitt eines Wasserwegs bestehen für Ladung und Menge unterschiedliche Frachtraten. Hinzu kommt, daß für bestimmte Güter Sonderregelungen, wie Mengenrabatt o.ä. vereinbart sind. Eine dieser Sonderregelungen ist der Kleinwasserzuschlag, der neben der Gebühr für die Grundfracht vergütet wird, wenn der Wasserstand eine wirtschaftliche Auslastung des Laderaums nicht mehr zuläßt. Diese Zuschläge werden von den Frachtausschüssen, differenziert nach Güterart und Relation, allgemein verbindlich festgelegt.

Änderungen und Voraussetzungen dieser Frachttarife sind mittlerweile so unübersichtlich, daß das richtige Berechnen der Frachtgebühren Binnenschiffer vor eine schwer lösbare Aufgabe stellt. Ein Expertensystem könnte hier deutliche Erleichterungen bringen, zumal es wesentlich leichter zu modifizieren ist als ein konventionelles EDV-Programm.

5.10 Konstruktion und Produktion

Im Zusammenhang mit CAD (Computer Aided Design) besteht die Möglichkeit, Expertensysteme in CAD-Anwendungen zu integrieren. Das Expertensystem könnte dem Konstrukteur günstige Komponenten vorschlagen, auf intelligente Art geeignete Verfahren aus einer Methodenbank auswählen und auf eventuelle Widersprüche und Gefahren hinweisen, z.B. auf die Korrosionsgefahr an der Grenze zwischen Teilen, deren Materialeigenschaften nicht zueinander passen.

Als Weiterentwicklung dieses rein technischen Expertensystems ließe sich die Berücksichtigung betriebswirtschaftlicher Zielsetzungen denken. Das Expertensystem könnte beispielsweise Komponenten so auswählen, daß das Baukastenprinzip erfüllt wird und daß die Entscheidung mit den Richtlinien des Einkaufs oder der Materialdisposition harmoniert.

Im Produktionsbereich ließe sich auch die optimale Auslastung von Arbeitsplätzen als Aufgabe für ein Expertensystem denken. Ein derartiges System muß die komplexen Probleme der Arbeitsplanerstellung, wie

— Festlegen der Arbeitsfolgen,

— Bestimmen des Rohteils,

— Bestimmen der fertigungstechnischen Größen für jeden Arbeitsgang

automatisch lösen und Randbedingungen berücksichtigen, wie z.B. Minimieren des Aufwands beim Eingeben von fertigungstechnischen Daten. Kenntnisse über bestimmte Fertigungsreihenfolgen und eine Vielzahl von Merkmalen, wie Maschinen-Nr., Zeit, Kosten usw. müßen vorhanden sein.

Diese Merkmale und fertigungstechnischen Regeln (z.B. Bohren kommt vor Gewindeschneiden) bestimmen die Verträglichkeit der Arbeitsgänge untereinander.

5.11 Dienstleistungen für die Öffentlichkeit

Die meisten der bisher beschriebenen möglichen Anwendungen sind auf eine spezielle Anwendergruppe beschränkt. Aber auch in der breiten Öffentlichkeit lassen sich Expertensysteme sinnvoll nutzen.

5.11.1 Tourismus

In einem Reisebüro erscheint ein Großteil der Kunden mit sehr vagen Urlaubsvorstellungen. Der Reisefachmann versucht, die Wünsche des Kunden zu konkretisieren und schlägt dann ein Urlaubsziel vor. Dabei ist der Kunde weitgehend auf das Fachwissen des Beraters angewiesen. Hier könnte ein Expertensystem sehr gute Dienste leisten. Der Kunde teilt dem System mit, was er auf keinen Fall möchte, worauf er besonderen Wert legt, usw.

Hat der Kunde überhaupt keine Vorstellungen, erfragt das Expertensystem alle notwendigen Angaben und schlägt selbst das Urlaubsgebiet, den richtigen Urlaubsort usw. vor. In der Wissensbasis müssen dazu alle im Angebot befindlichen Urlaubsregionen, Orte, Hotels, Preise, Charakteristika, Unterhaltungs- und Sportangebote usw. hinterlegt sein.

Die Urlaubsberatung mag zwar ein sinnvolles Anwendungsgebiet für Expertensysteme sein, jedoch ist voraussagbar, daß die Kunden zum großen Teil die persönliche Beratung weiterhin vorziehen werden, solange keine allzu großen Preisunterschiede bestehen.

5.11.2 Steuererklärungen

Jedes Jahr werden Hunderttausende von Steuerklärungen unvollständig ausgefüllt oder überhaupt nicht erstellt. Ursache ist, daß sich die meisten Steuerbürger im Steuerdschungel nicht zurechtfinden. Ein Expertensystem auf dem Home-Computer könnte vor allem beim Lohnsteuerjahresausgleich wertvolle Dienste leisten und im Dialog alle benötigten Angaben erfragen. Daß ein ungeheurer Beratungsbedarf besteht, verdeutlicht die Existenz unzähliger Steuerberater und Hilfsvereine in Steuerfragen.

In der Wissensbasis müßten alle gesetzlichen Regelungen, Auslegungen und legalen Grenzen enthalten sein. Über Bildschirmtext von vielen erreichbar, könnte dieses beratende System eine echte Marktlücke schließen.

5.11.3 Versicherungen

In Versicherungsunternehmen entstanden im Laufe der Zeit zum Teil sehr komplexe und unübersichtliche Entscheidungstabellen für die Bearbeitung und Überprüfung neuer Verträge. Fehler beim Handhaben dieses umfangreichen Tabellenmaterials durch den Sachbearbeiter können mit Expertensystemen zuverlässig vermieden werden.

6 Entwicklung von Expertensystemen

6.1 Entwicklungsvoraussetzungen

Bevor ein Expertensystem entwickelt wird, muß der Anwender klären, ob der Einsatz eines solchen Systems überhaupt sinnvoll und angemessen ist.

Die Beantwortung folgender Kriterien über das Anwendungsgebiet mit einem „ja" spricht jedesmal für eine Entscheidung für den Einsatz eines Expertensystems:

— Gibt es eine Vielzahl von Lösungsmöglichkeiten?

— Handelt es sich um ungenaue und unvollständige Daten?

— Existiert für das betreffende Fachgebiet keine geschlossene Theorie?

— Muß man häufig auf hypothetische Annahmen bauen?

— Liegen teilweise zeitabhängige Daten vor?

— Existiert ein unsicheres Wissen über die Beziehungen von Sachverhalten?

— Läßt sich die Aufgabe gegenüber schwer erfaßbarem Allgemeinwissen deutlich abgrenzen?

— Weist es einen gewissen Grad an Systematisierung auf?

— Ist mindestens ein anerkannter Experte auf dem betreffenden Gebiet verfügbar?

Für bestimmte Bereiche kann man von vornherein auf Expertensysteme verzichten, und zwar bei

— sehr einfachen Aufgaben (weniger als zehn Regeln),

— sehr komplizierten Anwendungen (mehr als 10.000 Regeln),

— strukturierten Problemen, in denen es klare Verarbeitungsvorschriften gibt,

— Anwendungen, bei denen die Sinneswahrnehmungen des Menschen im Vordergrund stehen, z.B. Zeichenerkennung und bei

— umfangreichen und belanglosen Problemen.

Diese genannten Grenzen der Anwendbarkeit von Expertensystemen sind nicht absolut, zumal auch alternative Ansätze nicht unbedingt bessere Lösungen bieten müssen als Experten, z.B. bei Wirtschaftsproblemen. Hier werden häufig sehr widersprüchliche Einschätzungen abgegeben, und diese sind oft nicht immer vollständig. Überall dort wo höchste Genauigkeit bei der Lösung erwartet wird, können andere Entscheidungshilfen, als sie Expertensysteme bieten, sinnvoll sein.

6.2 Eingrenzung der Wissensquellen

Hat sich ein fachspezifischer Problembereich nach den obigen Kriterien als brauchbar erwiesen und soll es in einem Expertensystem abgebildet werden, so wird das System, wie bei jeder Programmerstellung, in einzelnen Schritten aufgebaut.

Zunächst ist der Problembereich, der in die Wissensbasis des Expertensystems übernommen werden soll, genau einzugrenzen. Dies ist sehr wichtig, da Alltagswissen oder allgemeines Weltwissen nicht in einem Expertensystem abgebildet werden kann. Forscher auf dem Gebiet der KI erkannten früh, daß schon ein zweijähriges Kind mehr über seine Umwelt weiß, als je in einem Computersystem abgebildet werden kann. Das Wissen über unsere Umwelt, z.B. über räumliche Beziehungen, ist einfach uferlos und läßt sich in heutigen Systemen aus Kapazitätsgründen nicht darstellen. Erst wenn die Grenzen eines Fachgebiets klar abgesteckt sind, ist das Wissen überschaubar genug, um in einem Expertensystem Eingang zu finden.

Ist, der Problembereich abgegrenzt, werden die Strukturen und Charakteristika sorgfältig beobachtet und aufgezeichnet. Es findet eine erste Strukturierung des Wissens statt, um ein Gefühl für die Leistungsfähigkeit des späteren Systems zu bekommen, und um zu erfahren, ob sich das angedachte Expertensystem überhaupt lohnt. Anhand einer Machbarkeits- und Wirtschaftlichkeitsstudie wird das zu entwickelnde Expertensystem überdacht.

6.3 Wissensextraktion

Im nächsten entscheidenden Schritt ist das Wissen des Experten zu extrahieren. Sinn und Zweck eines Expertensystems ist es ja, dem Experten seine Erfahrungen und sein fachspezifisches Wissen zu entlocken. Ein

Fachwissen, das sich auf Regeln bezieht, kann auf recht einfache Weise der Fachliteratur entnommen werden. Entscheidend sind aber gerade Erfahrungswerte und sogenannte Daumenregeln, die das Können eines Experten ausmachen. Oftmals kann der Experte selbst nicht genau angeben, warum er eine bestimmte Entscheidung getroffen hat oder wie er zu einem Urteil gekommen ist. Wird er nachträglich zu seinem Lösungsweg befragt, konstruiert er möglicherweise eine Erklärung aufgrund seines Bücherwissens. Der wahre Gedankengang kann aber – ihm selber gar nicht bewußt – ganz anders gewesen sein.

Bei überschaubaren, einfach strukturierten, eindeutigen Lösungswegen und Systemen mit nicht mehr als 100 Regeln ist es möglich, daß der Experte sein Wissen selbst formuliert und in die Wissensbasis eingibt. Bei umfangreicheren Aufgaben ist es jedoch sinnvoll, einen Wissensingenieur (Knowledge Egineer) einzuschalten, der im Dialog mit dem Experten das Wissen aus ihm herauslockt und für die Wissensbasis aufbereitet. Dieses Erfassen des Wissens ist ein recht langwieriger Prozeß, bei dem sich der Wissensingenieur selbst einige Grundlagen des Fachgebiets aneignen muß. In enger Zusammenarbeit mit dem Experten versucht er, sich in die Gedankenwelt hineinzuversetzen und den Problemlösungsprozeß zu verstehen, nachzuvollziehen. Der Wissensingenieur wird einige Regeln vorläufig formulieren und sie mit dem Experten durchgehen. Oftmals entdeckt der Experte ganz neue Gedankengänge und revidiert vorher aufgestellte Regeln. Es kann sogar passieren, daß der Experte gar keine Erklärung für seinen Lösungsweg angeben kann, dann ist der Wissensingenieur darauf angewiesen, auf kreative Art mögliche Regeln selbst zu formulieren.

Eine selbstverständliche, aber oft schwer zu realisierende Voraussetzung für den Aufbau der Wissensbasis ist, daß ein Experte in ausreichender Zeit zur Verfügung steht. Wenn mehrere Experten an der Formulierung der Wissensbasis beteiligt sind, muß unbedingt auf mögliche Widersprüche geachtet werden, um sie rechtzeitig durch Befragen eines weiteren Experten, gewissermaßen als Schiedsrichter, ausräumen zu können.

Hat sich der Wissensingenieur in das betreffende Fachgebiet und in die Denkweisen des oder der Experten eingearbeitet, sind auch seine Vorstellungen recht kreativ. Es beginnt die Phase, in der das erarbeitete Wissen formalisiert und entschieden wird, in welcher Form das Wissen in der Wissensbasis abgebildet werden soll. Die verschiedenen Darstellungsmöglichkeiten, die Wissensrepräsentation (Regeln, semantische Netze, Frames usw.) wurden bereits beschrieben, meistens jedoch wird das Wissen in Form von Regeln hinterlegt.

6.4 Schrittweise Implementierung

Im nächsten Schritt entsteht das konkrete System, d.h. es erfolgt seine Implementierung. Jedes Computerprogramm wird in einer bestimmten Programmiersprache geschrieben, so auch ein Expertensystem. In den ersten Systemen mußten sämtliche Komponenten individuell programmiert werden, angefangen von der Wissensbasis über den Schlußfolgerungsmechanismus bis hin zur Dialogkomponente, die dem späteren Benutzer eine bequemere Handhabung des Systems ermöglichte. Heute stehen dem

Erbauer eines Expertensystems eine Fülle von Hilfsmitteln zur Verfügung auf die noch besonders eingegangen wird, so daß sich der Wissensingenieur mehr auf die Zusammenhänge konzentrieren kann.

Häufig entsteht zunächst ein vorläufiges System, der sogenannte Prototyp. Mit ihm wird erprobt, ob die Wissensdarstellung und die ausgewählte Inferenzstrategie bzw. die Struktur des Gesamtsystems überhaupt angemessen sind. Außerdem kann mit dem Experten und dem späteren Benutzer geprüft werden, ob das Wissen richtig erfaßt wurde und ob das System den Vorstellungen des Auftraggebers entspricht. Der Prototyp ist ein wichtiges Instrument, das eigene Konzept zur Erprobung und bezüglich der Anwenderwünsche genauer zu erfassen. Daneben kann das Zusammenwirken wichtiger Komponenten des Gesamtsystems erprobt werden. In dieser Phase sind Korrekturen am Gesamtkonzept keine Seltenheit.

Hat der Prototyp seine Prüfung bestanden, kann er zum Gesamtsystem ausgebaut werden. Eine Faustregel aus dem Bereich der Expertensystementwicklung besagt, daß das Entwickeln eines Prototyps nicht mehr als 10% der gesamten Entwicklungszeit in Anspruch nehmen darf.

Während der Prototyp in erster Linie dazu dient, das Konzept des Systems zu testen und dem Anwender die Methoden der Benutzung vorzuführen, so muß das Gesamtsystem den Nachweis über seine Produktivität bringen. Zunächst überprüfen ausführliche Tests, ob das Expertensystem korrekt und widerspruchsfrei arbeitet. Der Aufwand für diese Tests darf nicht unterschätzt werden, denn die Richtigkeit von Computerprogrammen ist endgültig nur schwer beweisbar. Nützlich für die Überprüfung sind sogenannte Falldaten, mit denen, wie bei der zukünftigen Anwendung, typische Anfragen an das System gestellt werden. Der dabei entwickelte Dialog wird zusammen mit den eingegebenen Daten in einer Falldatenbibliothek gespeichert. Bei einer Veränderung der Wissensbasis kann diese Falldatenbibliothek für erneute Prüfungen genutzt werden. Prüfungen am fertigen System betreffen die Dialogschnittstelle.

Ein Computersystem – gleich welcher Art – sollte sowohl geübte als auch ungeübte Anwender weitgehend unterstützen. Der Dialog sollte vom Programm her so aufgebaut sein, daß der Benutzer diesem ohne viel Fachkenntnisse folgen kann. Anfragen oder Aufforderungen des Systems sollten weitgehend selbsterklärend sein. Anschaulich gestaltete Ergebnisse oder Schlußfolgerungen, eventuell auch in Form von Grafiken, sind sehr hilfreich.

Geübte und ungeübte Benutzer stellen an einen Dialog unterschiedliche, gelegentlich auch widersprüchliche Anforderungen. Für den unerfahrenen Benutzer muß das System eher eine aktive Rolle beim Dialog übernehmen, z.B. durch Anbieten von Hilfen, wie z.B. Fehlermeldungen, Beispielkonsultationen, Hilfe-Kommandos usw. oder durch Auflösen komplizierter Eingaben in Einzelschritte.

Ein geübter Benutzer dagegen kann den Dialog selbst bestimmen, er kann auf Hilfen verzichten und bei Fehlerdiagnosen genügt ihm eine rein technische Erklärung. Ebenso sind für ihn Abkürzungen und verdichtete Eingaben oder Informationen kein Hindernis.

Heute gehört zu jedem Expertensystem als Standard eine Erklärungskomponente, die Ergebnisse und Schlußfolgerungen des Systems auf Wunsch näher erläutert und den Sinnzusammenhang von Fragen dem Benutzer erklärt. Jede Erklärungskomponente erhöht die Verständlichkeit des Programmablaufs und ist für die sehr hohe Akzeptanz von Expertensystemen wahrscheinlich mit verantwortlich. Die Erklärungskomponente kann in erweiteter Form auch zu Schulungszwecken herangezogen werden bzw. dazu dienen, das Wissen von Experten aufzufrischen.

Stadien der Systementwicklung

Phase	Aktivitäten, Meilensteine
1	Eingrenzung des Problembereiches einschließlich einer Machbarkeits- und Wirtschaftlichkeitsstudie
2	Extraktion des Expertenwissens aus dem Experten bzw. der Fachliteratur, Einsatz eines Wissensingenieurs bei größeren Systemen
3	Formalisierung und Strukturierung des Wissens, Auswahl der geeigneten Wissensrepräsentation
4	Erstellen eines Prototyps, Testen der Gesamtkonzeption und Verfeinerung der Benutzerforderungen
5	Implementierung des Gesamtsystems
6	Validierung (mit Falldaten aus einer Bibliothek)
7	Dokumentation und Schulung
8	Wartung und Pflege des Systems

Abbildung 24: Stadie, die zur Entwicklung eines Expertensystems durchlaufen werden sollten

6.5 Dokumentation, Schulung und Wartung

Bei der Dokumentation empfiehlt es sich, sie parallel in zwei Formen auszuarbeiten. Eine ausführliche Dokumentation für den Fachmann, der tiefer in die Struktur des Systems einsteigen möchte, und eine kurzgefaßte Dokumentation mit Zusammenstellungen der wichtigen Befehle und Arbeitsschritte für den Benutzer.

Mit der Schulung der Benutzer sollte nicht erst bei der Fertigstellung des Systems begonnen werden, sondern bereits in der Erprobungsphase des Prototyps. Wie empirische Studien ergeben haben, ist die Anlernzeit wesentlich kürzer als bei vergleichbar komplexen „normalen" EDV-Programmen.

Mit der Fertigstellung eines Expertensystems ist die Arbeit an diesem keineswegs abgeschlossen. Wissen verdirbt gerade in unserer schnelllebigen Zeit wie Lebensmittel. Deshalb ist die Wissensbasis kontinuierlich zu warten, zu aktualisieren und zu erweitern. Im Idealfall durch den späteren Anwender vorgenommen, dem dafür oftmals eine spezielle Systemkomponente zur Verfügung steht. Der Zukunftstraum der Erbauer ist das selbstlernende Expertensystem, das aufgrund eingegebener neuer Informationen selbsttätig Regeln ableitet und diese in die Wissensbasis einfügt. Solche Systeme wären ein großer Fortschritt, denn der Wissenserwerb und die manuelle Eingabe wird immer ein Engpaß sein. Abbildung 24 zeigt die einzelnen Stadien, in denen ein Expertensystem entsteht.

6.6 Werkzeuge zur Expertensystemerstellung im Überblick

Als die ersten Expertensysteme, z.B. MYCIN, entstanden, war e erforderlich, jede Einzelheit des Systems speziell zu programmieren, m LISP, einer typischen Programmiersprache auf dem Gebiet der KI. Diese Programmieren war sehr aufwendig, so daß die Konstruktion eine Expertensystems mehrere Jahre in Anspruch nahm. Im Laufe der Ze entstanden dann Werkzeuge, die nicht nur das Programmieren unterstützte sondern ganze Systembauteile zur Verfügung stellten. Durch dies Hilfsmittel senkten sich in den letzten Jahre die Entwicklungszeiten un damit auch die Kosten drastisch (Abbildung 25).

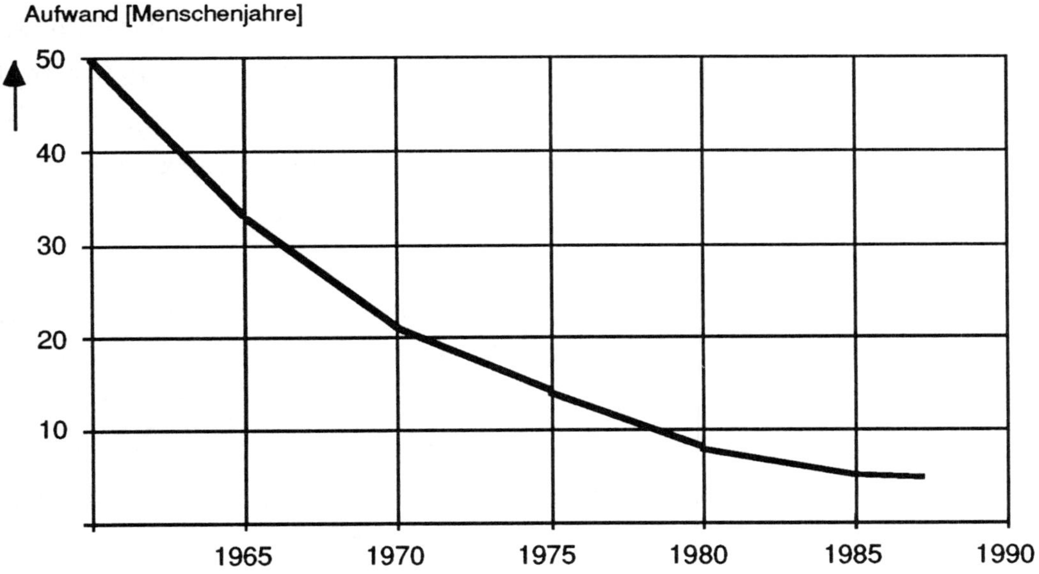

Abbildung 25: Reduzierte Entwicklungszeiten für Expertensysteme durch den Einsatz von Software-Werkzeugen

Die Idee, Werkzeuge beim Erstellen von Expertensystemen zu nutzen, wurde schon geboren, als die ersten Expertensysteme noch in mühevoller Kleinarbeit fertiggestellt wurden. Die Konstrukteure fragten sich, ob das System nicht auch auf andere Wissensgebiete übertragbar sei. Also wurde die ursprüngliche Wissensbasis entfernt, und übrig blieb ein leeres System, das jedoch alle Komponenten eines Expertensystems, wie Problemlösungs-, Erklärungs- und Dialogkomponente enthielt. Solche Hüllen, die nach Eingabe einer anderen Wissensbasis zu einem neuen Expertensystem werden, nennt man Expertensystem-Shells. Der Vorzug dieser Shells: Man gelangt auf recht einfache und schnelle Weise zu einem funktionstüchtigen Expertensystem.

Der Nachteil: Benutzer sind an den ursprünglichen Betriebsablauf gebunden und Veränderungen sind nur sehr schwer möglich. Stimmt aber das Konzept der neuen Anwendung mit der ursprünglichen Konzeption überein – am häufigsten beobachtet im Problembereich Diagnostik und Klassifikation – ist eine Shell ein ausgezeichnetes und effizientes Werkzeug.

Andere Hilfsmittel, wie Programmiersprachen und Expertensystem-Shells, wurden häufig auf großen und leistungsfähigen Rechnern entworfen und sind entsprechend komfortabel. Sie sind am effizientesten auf sogenannten LISP-Rechnern nutzbar, die auf die Verarbeitung dieser KI-Sprachen zugeschnitten sind. Komplexe Werkzeuge vereinen die unterschiedlichsten Methoden der Wissensdarstellung und werden deshalb als hybride Systeme bezeichnet. Sie ermöglichen meist eine sehr ansprechende, benutzerfreundliche Dialogführung mit anschaulichen Grafiken.

Man kann Expertensysteme je nach Umfang und Größe in drei Kategorien einteilen:

Kleine Systeme, sie enthalten bis zu 400 Regeln, eignen sich auch für Personal Computer und sind aus Shells entstanden – z.B. Personal Consultant oder M.1.

Mittlere Systeme enthalten 400 bis 1000 Regeln und benutzen häufig Entwicklungsumgebungen, die auf eine bestimmte Art der Benutzerführung festgelegt sind. Auch in dieser Größe kommen oft Shells zum Einsatz. Zur Diagnose, Klassifikation, oder zur Fehlersuche werden rückwärts-verkettete Systeme genutzt, z.B. EMYCIN, S.1 oder TWAICE. Bei Planungsaufgaben oder bei Konfigurationsaufgaben sind vorwärts-verkettete Systeme, wie z.B. OPS 5, gut geeignet.

Große Systeme, die mehr als 1000 Regeln enthalten, werden allgemein auf hybriden Systemen entwickelt. Mit ihnen ist eine bessere und sehr übersichtliche Darstellung des Wissens möglich und sie unterstützen den Systementwickler durch vielfältige Hilfsmittel. Hybride Systeme sind z.B. ART, KEE, LOOPS und, als einzige deutsche Entwicklung, BABYLON.

Mittlere und große Expertensysteme erfordern beim Entwickeln eine Rechnerleistung, die nur von Großrechnern oder von sogenannten Workstations, das sind besonders leistungsfähige Einzelplatzcomputer, erbracht werden kann. Solche Expertensysteme sind dementsprechend teuer und deren Entwicklung kann mehrere Jahre in Anspruch nehmen.

Kleinere Systeme dagegen sind meist schon nach einigen Monaten einsatzbereit.

Abbildung 26 stellt eine Auswahl von Entwicklungssystemen vor, gegliedert nach Größe und Anwendungsgebiet des zu erstellenden Expertensystems.

Systemgröße	**Anwendungsgebiete**	**Name**
klein		
		Personal Consultant
	Diagnose und Klassifikation	M.1
(bis 400 Regeln)	(rückwärts-verkettend)	INSIGHT 2+
		KISS
mittel		
	Diagnose,	EMYCIN
(400 bis 1000 Regeln)	Klassifikation	S.1
	Planung, Systemkonfiguration	TWAICE
		OPS 5
groß		
		ART
	Hybride Systeme	BABYLON
(über 1000 Regeln)	viele Anwendungsbereiche	KEE
		LOOPS

Abbildung 26: Auswahl bedeutender Entwicklungssysteme für Expertensysteme

7 Stand der Forschung

7.1 Die neue Generation von Computern

Beim Betrachten der Forschungsbemühungen in den verschiedenen Industrienationen auf dem Gebiet der KI und Stellung der Expertensysteme scheint Japan an der Spitze zu stehen, obwohl die Ursprünge dieser Disziplin in den USA zu finden sind und in den ersten beiden Dekaden der KI-Geschichte fast ausschließlich dort geforscht und entwickelt wurde. Japan setzte mit seinem staatlich unterstützten Programm zur Entwicklung von Computern der 5. Generation ein deutliches Signal, das starke Impulse auch auf Forschungsbemühungen in den USA und in Europa übertrug. Es verdeutlichte dadurch, daß das Beherrschen dieser neuen Technologie entscheidenden Einfluß auf Innovationen und auf eine wirtschaftliche Produktion haben wird. Eine Computerarchitektur, die die Erkenntnisse der KI beim Schaltungsentwurf und bei der Programmgestaltung einbezieht, wird vielfach als die Schlüsseltechnologie der nächsten Jahrzehnte angesehen.

Da im folgenden häufiger von Computern und Programmiersprachen der 5. Generation die Rede ist, werden die einzelnen Generationen kurz vorgestellt.

Vorläufer der Computer sind mechanische Rechenmaschinen und Rechenanlagen mit elektromechanischen Relais. Die Gegenwart verfügt über Computer der 4. Generation, deren Aufbau sich auf höchst-integrierte Bausteine in VLSI-Technik (Very Large Scale Integration) stützt (siehe hierzu Abbildung 27-1).

Die Entwicklung der Programmiersprachen hat sich ebenfalls in Generationen vollzogen (Abbildung 27-2). In den Anfängen mußten Programme in sehr maschinennaher Form – oftmals über Kippschalter – eingegeben werden. Erste Erleichterungen erreichte man mit den Assembler-Sprachen, bei denen die einzelnen Maschinenbefehle jeweils eine sinnvolle Abkürzung erhielten und symbolische Ausdrücke benutzt werden durften.

Hardware-Generationen

	Zeitraum	Kennzeichen	Arbeitsspeicher-kapazität	Rechen-geschwindigkeit [Instruktionen/sec.]
1.	1946-56	Vacuum-Röhren, Magnettrommeln	2 kByte	10000
2.	1957-63	Magnetkernspeicher	32 kByte	0.2 Mio.
3.	1964-81	Integrierte Schaltungen, Halbleiter-Hauptspeicher Magnetplattenspeicher	2 MByte	5 Mio.
4.	seit 1982	In VLSI-Technologie aufgebaute Prozessoren und Hauptspeicher	> 8 MByte	30 Mio.

Abbildung 27-1: Die vier Hardware-Generationen im Überblick

Die noch heute üblichen höheren Programmiersprachen, die Compilersprachen, die 3. Software-Generation. Hierunter fallen bekannte Programmiersprachen wie ALGOL, FORTRAN, COBOL oder Pascal, bei denen der Programmierer das „Wie" einer Problemlösung durch eine Befehlsfolge festlegt. Programmiersprachen der 4. Generation brauchen sich nicht mehr um das „Wie" zu kümmern, sondern formulieren nur noch das „Was" eines Problems. Es werden Befehle formuliert, ohne daß über die Art der Problemlösung nachgedacht werden muß. Beispiele hierfür sind Abfragesprachen für Datenbanken, Anwenderprogramme, wie Tabellenkalkulation und Konsultationsabläufe heutiger Expertensysteme.

Software-Generationen

1. Maschinen-Sprachen, binäre Maschinencodes

2. Assembler-Sprachen, Mnemotechnik, symbolische Ausdrücke und Adressen
(maschinenorientierte Sprachen)

3. Compiler- bzw. höhere Programmiersprachen (problemorientierte Sprachen) wie FORTRAN, COBOL und Pascal

4. Datenbankabfragesprachen, Applikations-Generatoren, Expertensysteme

5. Natürlich-sprachliche Systeme (Japan)

Abbildung 27-2: Die fünf Software-Generationen mit ihren spezifischen Kennzeichen im Überblick

7.2 Japan

Die Entwicklung einer neuen und leistungsfähigen Computergeneration in Japan ist durch zwei entscheidende Anstöße gekennzeichnet: Im Jahre 1978 gab das japanische Ministerium für Internationalen Handel und Industrie (MITI) dem staatlichen Elektronischen Labor (ETL) den Auftrag, die Anforderungen an einen Computer der 90er Jahre zu bestimmen. Die Ergebnisse dieser Projektion flossen in ein zehnjähriges Forschungsprogramm, das vom Institut for New Generation Computer Technology (ICOT) in Zusammenarbeit mit japanischen Firmen geleitet wird und sich zur Aufgabe gestellt hat, ein Computersystem der 5. Generation (5th Generation Computer System (FGCS) zu entwickeln. Dieses Projekt wurde 1982 ins Leben gerufen und soll mit einem Forschungsetat von zwei Milliarden DM bis 1992 abgeschlossen sein.

Mit diesem Projekt unternimmt Japan große Anstrengungen, Anschluß an die westliche Computertechnologie zu finden. Es vertritt auch starke wirtschaftliche Interessen, da es auf eine hochspezialisierte und konkurrenzfähige Industrie angewiesen ist. Japan möchte so die sozialen und wirtschaftlichen Probleme der kommenden Jahrzehnte lösen, zumal es über nur unbedeutende Rohstoffvorkommen und andere Ressourcen verfügt.

Die neue Computergeneration geht weit über den Stand der jetzigen Technik hinaus, indem sie von vornherein Techniken der KI integriert und auf vier Eigenschaften besondern Wert legt: intelligentes Verhalten, leichte Handhabung, Zuverlässigkeit und Sicherheit.

Folgende Leistungsanforderungen werden gestellt:

- weitgehend automatische Übersetzungen,
- komfortable Ein- und Ausgabeschnittstellen über natürliche Sprache, Bilder und Grafiken,
- große und strukturierte Datenbasen, die Entscheidungsfindungen unterstützen sollen,
- die Fähigkeit, umfangreiche Schlüsse aus einer großen Wissensbasis zu ziehen, und die Fähigkeit zu lernen,
- eine Durchsatzrate von zehn Gigaflop (10 Milliarden Gleitkommaoperationen pro Sekunde),
- eine Hauptspeichergröße von einem Gigabyte,
- eine verteilte Parallelverarbeitungsstruktur.

Dafür wird eine neue komplexe Computerarchitektur entwickelt, wie sie in Abbildung 28 dargestellt ist.

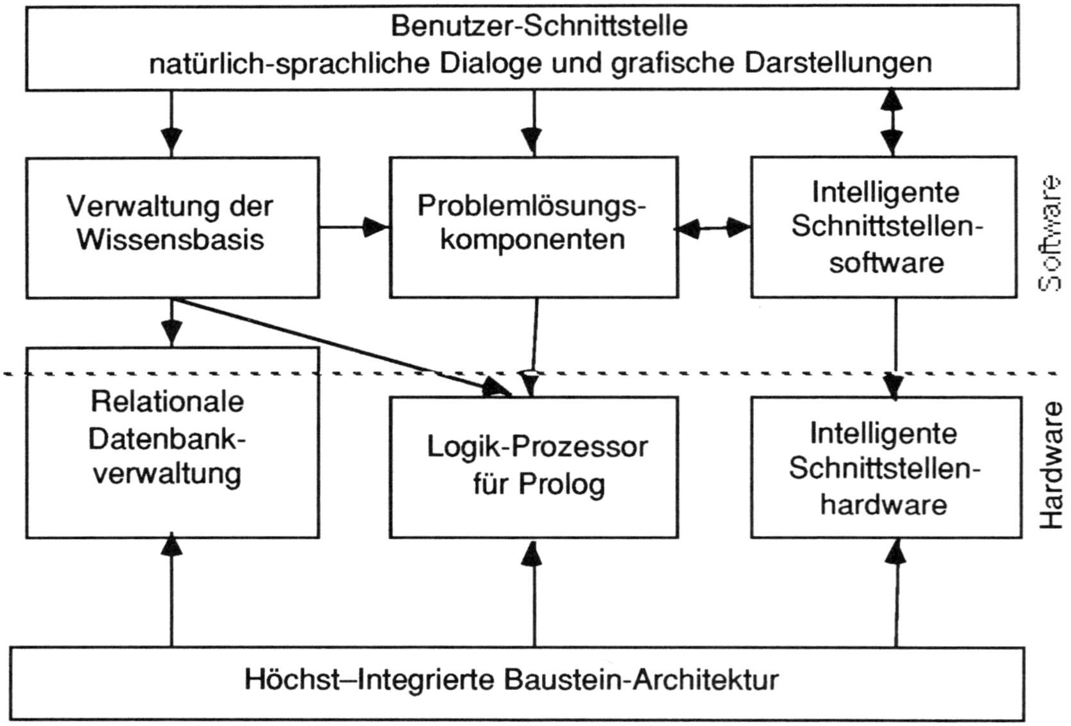

Abbildung 28: Aufbau der 5. Computergeneration der Japaner

Eine intelligente Benutzerschnittstelle ermöglicht Eingaben und durch Sprachsynthese auch Ausgaben in natürlicher Sprache, ebenso wie Interaktionen über Bilder und Grafiken. Der Umgang mit einem Computer wird dadurch erheblich erleichtert.

Intern kann der zukünftige Rechner in drei Bereiche unterteilt werden:

— Wissensbasis und Datenbankverwaltung,

— Problemlösungskomponente,

— Problemlösungskomponente,

— intelligente Dialogkomponente.

Das Neuartige wird nun sein, daß jeder dieser Bereiche nicht nur durch Programme realisiert wird, sondern daß auch eine möglichst weitgehende Integration in die Computerbausteine angestrebt wird, was auf die zukünftige Entwicklung von Bausteinarchitekturen Einfluß hat.

Die Ziele der japanischen Forschung sind sehr ehrgeizig, denn in den verschiedensten Bereichen müssen völlig neue Technologien entwickelt werden, die unsere heutigen Möglichkeiten bei weitem übersteigen. Geplant ist für diese Computergeneration eine Leistung, die um den Faktor 10 000 höher liegt als bei den heutigen Großcomputern. Dabei wird von vornherein auf eine sogenannte symbolische Verarbeitung abgehoben, die zum Verarbeiten von Wissen Problemlösungsmechanismen nutzt – im Gegensatz zu Hochleistungscomputern, die ausschließlich für numerische Datenverarbeitungsaufgaben entworfen wurden.

Die Entwicklung der 5. Computergeneration vollzieht sich in drei Phasen:

Erste Phase: 1982–1985
Es wurden erfolgversprechende Forschungsansätze auf dem Gebiet der Wissensverarbeitung aufgegriffen und fortgeführt. Außerdem wurden Basistechnologien für den Bau eines experimentellen Prototyps entwickelt, der zum Abschluß dieser Phase vorgestellt wurde. Dieses Ziel wurde weitestgehend erreicht, jedoch finden sich in japanischen Forschungslaboratorien weiterhin US-amarikanische KI-Entwicklungsmaschinen.

Zweite Phase: 1986–1989
In dieser Phase werden die einzelnen Hardware- und Softwarekomponenten, die für das Gesamtsystem nötig sind, entwickelt und miteinander integriert. Außerdem wird die Verarbeitung natürlicher Sprache und die Bildverarbeitung vorangetrieben.

Dritte Phase: 1989–1992
In der abschließenden Phase des Projekts sollen die verschiedenen Subsysteme zu einem Gesamtsystem vereinigt und die dazugehörige Anwendungssoftware entwickelt werden. Prototypen des neuen Computersystems sollen Strategien für eine kommerzielle Nutzung erschließen.

Um ein Gesamtsystem mit den angedachten Leistungen zu ermöglichen, sind in den drei wichtigen Bereichen KI, Mikroelektronik und Computerarchitektur noch einige bahnbrechende Entwicklungen erforderlich.

Der KI mit den wichtigsten und schwierigsten Bereichen: Expertensysteme, Verarbeitung natürlicher Sprache und Bildverarbeitung, wird in Japan und auch in anderen Ländern eine Schlüsselstellung eingeräumt. Diese KI-Lösungen haben außerdem Einfluß auf die Robotertechnologie und erfordern Geräte mit sehr hoher Verarbeitungsgeschwindigkeit z.B. für Spracherkennungssysteme, die auf automatische Übersetzungsvorgänge ausgeweitet werden sollen, benötigen ein Vokabular von mindestens 20 000 Wörtern und eine Verarbeitungsgeschwindigkeit von etwa 100 Milliarden Instruktionen je Sekunde.

Zum Aufbau eines Bildes guter Qualität ist ein Raster von 1000 mal 1000 Punkten erforderlich, das bei seiner Verarbeitung je Sekunde 50- bis 70-mal neu berechnet und aufgebaut werden muß. Dazu ist eine enorme Rechenleistung erforderlich, die dennoch bei weitem nicht an die Leistung des menschlichen Auges heranreicht.

Im Bereich der Mikroelektronik hat sich die Integrationsdichte, d.h. die Anzahl der Transistorfunktionen je Baustein, in den letzten eineinhalb Jahren verdoppelt. Jedoch stößt man hier auf physikalische Grenzen, so daß die bisherige Lithografie mit Licht von der Röntgenstrahllithografie abgelöst werden soll. Als Ziel wird die Integration von 4 Millionen Transistorfunktionen auf einem Halbleiterbaustein angestrebt. Neben den physikalischen Herstellungsproblemen bereitet der außerordentlich komplexe Schaltungsentwurf weitere Schwierigkeiten.

Es werden völlig neue Computerarchitekturen entwickelt werden müssen, da heutige Prozessoren bei weitem nicht die Leistungsfähigkeit besitzen. Daher sind für diese neuen Rechnerstrukturen viele parallel arbeitende Prozessoren vorgesehen, die sich eine Aufgabe teilen. Nach den angestrebten Leistungen müßten 100 000 bis 1 Million Prozessoren heutiger Leistung parallel geschaltet werden. Das Problem besteht darin, daß die Effektivität durch die Verwaltung paralleler Prozessoren mit deren Anzahl rapide abnimmt. Es steht also in Frage, inwieweit sich diese Architektur realisieren läßt.

Entscheidende Schwierigkeiten beim japanischen Projekt zur Entwicklung von Computern der 5. Generation liegen darin begründet, daß viele theoretische Probleme noch nicht einmal in Ansätzen gelöst sind und sich die Forschung auf völlig neue Gebiete vorwagen muß. Die Amerikaner waren mit ihrem Programm zur Eroberung des Mondes in einer unvergleichlich besseren Position, da sie zwar viele neue technische Aufgaben zu bewältigen hatten, aber auf bekannte Theorien und Technologien zurückgreifen konnten.

Gelingt es den Japanern, auch nur einen Teil der Projektziele zu verwirklichen, könnten sie einen ungeheueren technologischen und wirtschaftlichen Gewinn verbuchen.

Die japanischen Aktivitäten haben weltweit große Beachtung gefunden und in den verschiedensten Ländern der westlichen Welt im Bereich der Computertechnologie Forschungsanstrengungen auf nationaler und internationaler Ebene bewirkt.

7.3 USA

Forschungen auf dem Gebiet der KI und Entwicklungen auf dem Teilgebiet der Expertensysteme vollzogen sich in den 60er und 70er Jahren überwiegend in den USA, und zwar hauptsächlich an drei bekannten Universitäten, der Stanford University, dem M.I.T. und der Carnegie Mellon University.

An der Stanford University wurden unter Leitung des wohl berühmtesten Vertreters der Expertensysteme, Edward A. Feigenbaum, die ersten und bekanntesten Expertensysteme, wie DENDRAL und MYCIN entwickelt. Es wurden umfangreiche Erfahrungen auf dem Gebiet der Wissenserfassung und -repräsentation und verschiedenster Problemlösungstechniken gesammelt und im Laufe der Zeit über 20 bedeutende Expertensysteme entwickelt.

An der Carnegie Mellon University wurde das in Expertensystemen am häufigsten genutzte Prinzip der Produktionssysteme entworfen, das für regelbasierte Systeme allgemein ausschlaggebend ist. Hier wurde die Entwicklungsumgebung OPS5 für Expertensysteme entwickelt, die z.B. zu dem bereits beschriebenen Expertensystem XCON führte. Außerdem wurden dort die beiden erfolgreichsten Expertensysteme entwickelt, die Sprache verstehen. Zur Zeit arbeitet man mit großer Anstrengung an vernetzten Rechnerumgebungen und automatischen Fertigungssteuerungen.

Am M.I.T. widmete man sich mehr der grundlegenden Forschung auf dem Gebiet der Wissensrepräsentation, verschiedener Problemlösungstechniken und dem Entwurf spezieller KI-Sprachen. Hier entwickelte Marvin Minski das heute weitverbreitete Konzept der Frames, die einen Erwartungsrahmen strukturierter Objekte darstellen und die wohl meistverwendete Art der Wissensrepräsentation sind.

Einige wenige Firmen haben bereits zu Beginn der 70er Jahre Labors für die KI-orientierte Grundlagenforschung eingerichtet und sehr komfortable Programmierumgebungen geschaffen, die mit ihren benutzerfreundlichen Hilfsmitteln, wie Grafikbildschirm, Fenstertechnik und Maussteuerung richtungsweisend waren und deren Erkenntnisse heute breiten Eingang in die Gestaltung von Benutzeroberflächen bei Programmen finden.

Ende der 70er Jahre setzte dann ein stärkeres Engagement der Industrie ein, als nämlich deutlich wurde, daß Techniken der KI und Expertensysteme kommerziellen Nutzen versprechen. Von der Industrie wurden sehr leistungsfähige Computer gebaut, die speziell für KI-Aufgaben konzipiert waren (LISP-Rechner). Aber auch kleinere Firmen, die meist von Universitätsforschern gegründet wurden, entwickelten sehr komfortable Software-Entwicklungssysteme, die heute weltweit den Expertensystemmarkt bestimmen.

Eine gezielte Reaktion auf Veröffentlichungen über das japanische Projekt der 5. Computergeneration fand in den USA nicht statt. Dies liegt einerseits daran, daß keine zentrale staatliche Behörde existiert, die nationale Anstrengungen koordiniert und andererseits auch nicht erforderlich ist, da Forschung und Entwicklung in den verschiedensten Bereichen auf Eigeninitiative beruhen, so daß die USA ihren Vorsprung auf dem Gebiet der Computertechnologie wahrscheinlich halten werden, einen Vorsprung, der gegenüber Japan zwei Jahrzehnte ausmacht. Außerdem haben sie bisher gewaltige Summen aufgewendet, die auch in Zukunft zur Verfügung stehen. Allein das jährliche Forschungsbudget von IBM wird auf 4 Milliarden DM geschätzt, und das M.I.T. vereinigt mehr Forschungskapazitäten auf sich, als die gesamte Bundesrepublik Deutschland aufzuweisen hat. Es haben sich mehrere konkurrierende Forschungskooperationen mit einem gewaltigen Etat gebildet. Von den staatlichen Forschungseinrichtungen sind die Defense Advanced Research Project Agancy (DARPA) und National Science Foundation (NSF) die bedeutendsten.

7.4 Europa

Die europäische Computertechik ist noch immer weitgehend von japanischer und amerikanischer Hardware abhängig. Bei der Software besteht nur eine begrenzte Abhängigkeit von den USA. Angestoßen von dem japanischen Forschungsprogramm beschlossen sowohl die Europäische Gemeinschaft als auch einzelne Länder und in ihnen vertretene Firmen, Projekte auf diesem Gebiet ins Leben zu rufen und zu unterstützen. Im Juli 1983 verabschiedete die EG das Forschungsprogramm ESPRIT (European Strategic Program on Research in Information Technology), das in Zusammenarbeit mit 12 führenden europäischen Technologieunternehmen mit einem Etatrahmen von 3 Milliarden DM für 5 Jahre Forschungsprojekte an Universitäten und Einrichtungen der Industrie finanzieren und unterstützen sollte. Dabei lag der Schwerpunkt auf folgenden Gebieten:

— fortgeschrittene Mikroelektronik,

— Softwaretechnik

— fortgeschrittene Informationsverarbeitung (Signalverarbeitung, wissensbasierte Systeme, Frage-Antwort-Systeme),

— Büroautomatisierung,

— computerunterstützte Konstruktions- und Produktionsmethoden.

Grundlagenarbeiten zu Expertensystemen nahmen hierbei einen bedeutenden Platz ein. Dieses Forschungsprogramm unterstützt europaweit die Zusammenarbeit von Universitäten mit Forschungszentren der Industrie. Dabei wird die Koordination der Zusammenarbeit schwieriger sein als z.B. in Japan und den USA. Auch das Nachfolgeprogramm ESPRIT II wird dem KI-Sektor finanzielle Unterstützung gewähren, jedoch wird nicht mehr die Grundlagenforschung gefördert, sondern die Umsetzung in wettbewerbsfähige Produkte.

Vor allem Großbritannien, Frankreich und die Bundesrepublik Deutschland unterstützten Forschungsprojekte in den Schlüsselbereichen KI, Mikroelektronik und Computerarchitektur. Dazu unternimmt man auf nationaler Ebene, unabhängig von den europäischen ESPRIT-Programmen, große Forschungsanstrengungen, die sich auf einzelne Traditionen stützt.

In Europa steht Großbritannien an der Spitze der Expertensystemforschung. Bereits 1947 veröffentlichte Alan Turing eine Abhandlung über intelligente Maschinen und formulierte später an der Universität Manchester seinen berühmt gewordenen Turing-Test

Nach einem kurzen Start auf dem Gebiet der KI wurden die einzelnen Programme 1973 aufgrund eines regierungsamtlichen Berichts eingefroren und erst 1982 wieder aufgenommen. Seitdem wird im Rahmen des staatlichen Forschungsprogramms ALVEY und auf industrielle Initiative hin in weiten Bereichen der Hard- und Softwaretechnologie intensiv geforscht.

Viele Industrieunternehmen, wie Chemie- und Ölfirmen, haben eigene Teams zum Entwickeln von Expertensystemen gebildet.

Frankreich besitzt ebenfalls eine lange Tradition auf dem Gebiet der KI. Anfang der 70er Jahre wurde die Sprache PROLOG, die heute weltweit Beachtung findet und Grundlage für die japanische Rechnergeneration sein soll, in Marseille entwickelt und später in Edinburgh weiter verfeinert. Dieses logische Programmieren wurde dann in verschiedenen Universitäten in den Bereichen Programmiersprachen, Inferenzmaschinen, automatisches Beweisen und Schlußfolgern fortgeführt. Weitere wichtige Forschungsbereiche sind Bildverarbeitung, Sprachverarbeitung und Linguistik. Außerdem finden Entwicklungen im Bereich der KI-Maschinen und der Robotertechnologie statt.

Frankreich verfügt über kein zentral gesteuertes nationales Forschungsprogramm, dafür ist aber im Bereich der Forschung die Zusammenarbeit zwischen Industrie und Universität sehr effektiv.

In einer Studie zur Datenverarbeitung in der Bundesrepublik Deutschland aus dem Jahre 1981, die vom Bundesministerium für Forschung und Technologie in Auftrag gegeben wurde, kommen die Autoren zu dem Schluß, daß die KI eine Schlüsselrolle bei Computeranwendungen der kommenden Jahrzehnte einnimmt. Im Jahre 1984 wurde ein Programm zur Förderung von Forschungs- und Entwicklungsvorhaben auf dem Gebiet der Informationsverarbeitung verabschiedet. Dieses Förderprogramm umfaßt im wesentlichen drei Bereiche:

— Softwaretechnologie,

— neue Rechnerstrukturen,

— Wissensverarbeitung und Mustererkennung.

Dabei wurde eine theoretische Anlaufphase in stärkerer Verantwortung von Hochschulen und Forschungsinstituten geplant, wobei die nachfolgende Realisierung mehr in den Händen der kooperierenden Industriepartner liegen soll.

Expertensysteme wurden bisher in Deutschland in erster Linie für diagnostische Anwendungen in der Medizin und im Bereich der Fertigung und der Automobilindustrie entwickelt. Die Firmen Nixdorf und Siemens schufen eigene Forschungszentren auf dem Gebiet der KI. Nixdorf erstellte in den vergangenen Jahren mehrere Expertensysteme für den eigenen Bedarf und das Programmiersystem TWAICE. Siemens übernahm von XEROX die Programmiersysteme Interlisp-D (Interactive List Processing-Display) und LOOPS (LISP based Object Oriented Programming System). Die Gesellschaft für Mathematik und Datenverarbeitung (GMD) schuf das hybride Entwicklungswerkzeug BABYLON. Insgesamt sind in der Bundesrepublik Deutschland zwanzig Expertensysteme im Einsatz und ungefähr 300 Projekte befassen sich mit der Entwicklung. In einigen Großunternehmen sind bereits auch schon KI-Teams gebildet worden, bzw. es wird eine Zusammenarbeit mit Softwarehäusern und Unternehmensberatungsgesellschaften vorbereitet. Auf dem KI-Sektor sind jedenfalls schon vielfältige Aktivitäten in Gang gesetzt worden, um den Anschluß an den Weltstandard im Technologiebereich nicht völlig zu verlieren. Auch in Deutschland macht sich der Mangel an qualifizierten Mitarbeitern allmählich bemerkbar.

Durch die Einrichtung eines Forschungszentrums für künstliche Intelligenz in Kaiserslautern sollen die bislang erkannten Forschungsdefizite ebenfalls minimiert werden. Das Zentrum wird von Bundesministerium für Forschung und Technologie zusammen mit der bundesdeutschen Computerindustrie und den Bundesländern aufgebaut. Neben der angewandten Grundlagenforschung soll das Forschungszentrum auch der Aus- und Weiterbildung von KI-Wissenschaftlern dienen.

In Baden-Württemberg wird in Ulm auch ein „Forschungsinstitut für anwendungsorientierte Wissensverarbeitung" geschaffen. Das Gründungsmemorandum ist von den Firmen Hewlett-Packard, IBM, Mannesmann-Kienzle, Nixdorf, Siemens, Daimler-Benz und dem Land Baden-Württemberg unterzeichnet. Weitere KI-Forschungszentren sind in Bayern und Nordrhein-Westfahlen in der Entstehung.

8 Expertensysteme zwischen Euphorie und Ablehnung

8.1 Schaden und Nutzen der neuen KI-Technologie

Intelligente Systeme, die flexibel und menschenähnlicher reagieren als herkömmliche, haben heftige Kontroversen ausgelöst. Das Spektrum der Meinungsäußerungen bewegt sich zwischen uneingeschränkter Euphorie und heftigster Ablehnung. Auf der einen Seite werden zukünftigen Computergenerationen menschliche Eigenschaften zugesprochen, wobei die Entwicklung der KI dem Schöpfungsakt fast gleichgesetzt wird, auf der anderen Seite wird die zunehmende Technisierung und der verstärkte Einsatz von Computern für die Vereinsamung, geistige Verarmung und das steigende Unglücklichsein der Menschen in der Industriegesellschaft verantwortlich gemacht. Die Diskussion darüber ist emotional aufgeladen und leider sehr wenig an Fakten und wissenschaftlichen Untersuchungen orientiert.

Intelligente Computer werden sicher positive Auswirkungen auf die Arbeitswelt haben, aber es werden auch Gefahren heraufbeschworen, die anzusprechen sind, obwohl sie in ihrer ganzen Tragweite bis heute noch gar nicht abschätzbar sind. Außerdem tauchen in Diskussionen sehr irrationale Fragen auf, da viele Menschen den Computer als ihren Konkurrenten ansehen und befürchten, durch ihn überflüssig zu werden. Die Frage geht sogar so weit, ob der Computer eines Tages zu Gefühlen fähig sein wird.

Wenn von den künftigen Auswirkungen intelligenter Computer die Rede sein soll, dann stehen wir vor der allgemeinen Schwierigkeit, technologische

Entwicklungen in die Zukunft zu projizieren und deren Folgen vorherzusagen. Wir sind vielleicht in der Lage, heutige Entwicklungsansätze fortzuspinnen und uns vorzustellen, welchen Nutzen sie in einigen Jahren oder Jahrzehnten haben werden. Es zeigt sich aber immer wieder, daß eine technische Entwicklung nicht geradlinig verläuft, sondern unvorhergesehene Ereignisse, sowohl positiver als auch negativer Art, der Entwicklung eine ungeahnte Richtung geben. Es sind grundlegende Entdeckungen möglich, die die kühnsten Phantasien übertreffen können. Eine Entwicklung kann aber auch eine sehr negative Richtung einschlagen, wie es z.B. an der Umweltverschmutzung deutlich wird, die es verantwortlungslos erscheinen lassen, bestimmte technische Prozesse einfach weiterlaufen zu lassen. Es können aber auch Ereignisse eintreten, die eine vorhergesagte negative Entwicklung wieder bremsen, wie z.B. ein Rückgang des Energieverbrauchs nach der rapiden Erhöhung des Ölpreises.

Aus diesen Gründen und auch aufgrund der Komplexität der Einflußfaktoren mußten sogenannte Weltmodelle, die die ökonomische und ökologische Entwicklung der gesamten Weltwirtschaft oder einzelner Nationen zu berechnen versuchten, häufig revidiert werden.

Der Behauptung, die häufig in diesem Zusammenhang wiederholt wird, daß das Einführen neuer Techniken nur der Rationalisierung dient und damit Arbeitsplätze vernichtet, sollte entschieden entgegengetreten werden. Dies ist durch Untersuchungen eindeutig widerlegt worden. Auf die gesamte Wirtschaft der Bundesrepublik Deutschland bezogen sind keinerlei Arbeitsplätze durch die Einführung von neuen Techniken verlorengegangen, auch wenn es in einzelnen Berufssparten zu spektakulären Einschnitten gekommen ist. Wirtschaftsbereiche, in denen verstärkt neue Techniken eingesetzt werden, haben eher mehr Arbeitsplätze, während Bereiche, in denen neue Techniken nicht einsetzbar sind (z.B. der Schiffbau), zunehmend Arbeitsplätze verlieren. Außerdem steht jede Industrienation unter einem starken internationalen Konkurrenzdruck, unabhängig davon, wie man diese Tatsache moralisch bewertet.

8.2 Zwischen Phantasie oder Realität

Zunächst sollen die positiven Möglichkeiten von intelligenten Computersystemen und speziell von Expertensystemen betrachtet und dann auch über zukünftige Entwicklungen phantasiert werden.

Einer der euphorischsten Verfechter für den ungebremsten Einsatz intelligenter Computersysteme ist Edward A. Feigenbaum von der Stanford University in Californien, der zusammen mit Pamela McCorduck in dem Buch „Die 5. Computergeneration" einen Überblick über die japanischen Anstrengungen auf diesem Gebiet und die technologischen Möglichkeiten in unserer Gesellschaft beschreibt. Bedeutsam sind seine Spekulationen, in welchen Lebensbereichen Computer genutzt werden können und wie sie unseren Alltag und unsere zwischenmenschlichen Beziehungen verändern.

Die Visionen beginnen mit einer qualifizierten ärztlichen Versorgung breiter Bevölkerungsschichten, wobei Standortnachteile durch Expertensysteme ausgeglichen werden. Demnach kann durch Expertensysteme die ärztliche Versorgung entlegener ländlicher Gebiete auf das Niveau städtischer

Ballungsgebiete angehoben werden. Ein Arzt für Allgemeinmedizin, dem naturgegeben tiefere Kenntnisse in medizinischen Spezialdisziplinen fehlen, greift dabei auf das in einem Expertensystem gespeicherte Wissen von Fachärzten zurück.

Edward A. Feigenbaum geht sogar so weit, daß die Patienten ohne eingeschaltetem Arzt, direkten Kontakt mit dem Computer aufnehmen, und verweist dabei auf Untersuchungen in England, die zeigen, daß viele Menschen sich lieber vom Computer als von einem Arzt beraten lassen, weil sie hierbei das Gefühl einer größeren Objektivität empfinden.

Eine weitere phantastische Möglichkeit für Expertensysteme ist die intelligente Bibliothek, in der der Benutzer nicht mehr wie bisher Informationen über Kataloge und Schlagwortregister erhält, sondern durch ein Informationsverarbeitungssystem, daß das Wissen über den Buchbestand in vielfältiger Art aufbereitet hat. Der Benutzer kann seine Wünsche in natürlicher Sprache eingeben, indem er bestimmte Stichwörter sagt oder Themen nennt, vielleicht sogar Vermutungen oder Behauptungen formuliert. Die intelligente Bibliothek wird mit Buchvorschlägen, Literaturhinweisen oder sogar mit sachlichen Erklärungen antworten.

Beispiele für fortschrittliche Computeranwendungen lassen sich beliebig fortsetzen. So ist von einer intelligenten Zeitung die Rede, die Nachrichten sofort aufbereitet und große individuelle Datenbanken für interessante Ereignisse anlegt. Ein intelligenter Lehrer reagiert mit viel Geduld und unendlicher Ausdauer immer wieder auf die Fragen des Schülers, antwortet weder strafend noch ungerecht und kann zudem den Lehrstoff in anschaulichen Grafiken und Bildern verdeutlichen.

Mit Expertensystemen kann vor allem auch das Problem der lebenslangen Fortbildung gelöst werden, die in einer sich schnell wandelnden Industriegesellschaft an Bedeutung gewinnt. Überhaupt ist eine Vielzahl von Expertensystemen für die private Nutzung denkbar, so daß jedermann Zugriff auf Know-how hat, das im persönlichen Einsatz nicht mehr erarbeitet werden kann.

Am häufigsten wird aber der „Altenroboter" zitiert, der die Pflege älterer Menschen übernimmt und dabei so menschliche Untugenden wie Ungeduld, Langeweile, Habgier oder Müdigkeit vermeidet.

Bei allen noch so leistungsfähigen in die Zukunft projezierten technischen Systemen besteht der Nachteil, daß die Kommunikation zwischen Mitmenschen immer stärker zurückgeht. Wir werden diese Tatsache später noch eingehender behandeln, da sich an dieser Entwicklung scharfe Kontroversen entzünden.

8.3 Wissen als Produktionsfaktor

Wenn wir die weitere Entwicklung eher realistisch betrachten und von dem ausgehen, was sich in vielen Bereichen bereits durchgesetzt hat, so dienen Expertensysteme zwei Zielen: in ihnen verschmilzt das Wissen vieler

Experten und steht dadurch gebündelt dem einzelnen Experten wieder zur Verfügung.

Expertensysteme sind genauso wie Fachbücher in erster Linie nicht für den Laien bestimmt, weil zum Verständnis bereits Grundlagenwissen vorhanden sein muß, sie können vielmehr einen Experten wiederum in speziellen Fällen unterstützen, da auch er nicht alles wissen kann und auch vergißt. Zum anderen aber findet eine Vervielfältigung des Wissens statt, da Expertensysteme leichter zu kopieren sind, als einen neuen Mitarbeiter auszubilden. In vielen Einsatzgebieten sind Experten rar oder müssen diese oft erst eine lange Reise zum Einsatzgebiet vornehmen, so daß es oftmals einfacher ist, sich das notwendige Fachwissen in Form eines Expertensystems zu beschaffen. Wie in dem bereits erwähnten Beispiel aus der Medizin werden Standortnachteile vermieden, und strukturschwache Gebiete oder auch Entwicklungsländer brauchen nicht mehr auf erforderliche Beratungsleistungen zu verzichten.

In vielen Wirtschaftlichkeitsberechnungen wird bereits neben den Faktoren Kapital und Arbeit auch der Faktor Wissen berücksichtigt. Das Potential an qualifizierter Ausbildung hat in unserer Gesellschaft einen hohen Stellenwert und wird zunehmend in Betrachtungen einbezogen.

In der Industrie gibt es bereits Beispiele dafür, daß das Wissen einzelner Fachleute, auf Spezialgebieten erfahrener Mitarbeiter auf ein Expertensystem übertragen wurde und dadurch einer nachfolgenden Generation erhalten blieb.

Aufgrund der überaus großen Informationsflut, die durch verbesserte Kommunikationskanäle immer noch mehr verstärkt wird, ist ein Wissensmanagement erforderlich, das eingehende Daten und Informationen filtert, sortiert und aufbereitet. Ein Beispiel dafür ist die Bürokommunikation, bei der zur Zeit die stärksten Veränderungen durch neue Technologien stattfinden. Mit immer intelligenteren Bürosystemen ist es möglich bei der verwirrenden Vielfalt an Informationen die Transparenz zu behalten oder sogar zu erhöhen. Es werden nicht nur Flüchtigkeitsfehler vermieden, sondern es findet vor allem eine Aufarbeitung und Durchleuchtung des gesamten Datenmaterials statt, wodurch die Entscheidungsqualität der Verantwortlichen steigt.

Soll in einer Firma ein bestimmtes Tätigkeitsfeld oder spezielles Expertenwissen in einem Expertensystem abgebildet werden, so steht zwar das zu erstellende Produkt im Vordergrund, aber allein schon die beim Erstellen eines solchen Systems bessere gedankliche Durchdringung der Arbeitsabläufe hat eine Wirkung, denn oftmals werden erst dann bestimmte Arbeitszusammenhänge niedergelegt und dokumentiert. Ein solches Projekt fördert die Zusammenarbeit der Mitarbeiter und kann dadurch einer ganzen Abteilung zu mehr Transparenz bei der Organisation und Kooperation bei der Aufgabenbewältigung verhelfen.

Spezielle Wissensbereiche sind schon heute für eine Vielzahl von Industrieunternehmen interessant und wichtig, z.B. durch das verstärkte Umweltbewußtsein der Bevölkerung. Viele Produktionsverfahren könnten umweltfreundlicher gestaltet und Abfallprodukte so beseitigt werden, daß die Belastung der Natur möglichst gering ausfällt. In der Landwirtschaft werden

Gifte und Düngungsmittel angewandt, die sich im Erdreich anlagern oder in das Grundwasser gelangen und dadurch Flora und Fauna schädigen. In all diesen Bereichen ist der Einsatz von Expertensystemen denkbar, die es auch kleineren Betrieben ermöglichen, umweltbewußt zu handeln, ohne jedes Mal auf einen teuren Experten zurückgreifen zu müssen. Da die Anwendung solcher Systeme im öffentlichen Interesse liegt, könnten preiswerte Kommunikationsmedien diese Aufgabe unterstützen.

Wie beschrieben, können Anwendungen mit Expertensystemen recht exotischer Natur sein, sie können aber auch eine sehr wertvolle Unterstützung in den verschiedensten Bereichen von Wissenschaft, Forschung, Industrie und Dienstleistung sein.

Der Einzug der Intelligenz im Computerbereich hat auch seine Auswirkungen auf bescheidenere und alltägliche Abläufe, indem der Dialog auch mit herkömmlichen Computern und Programmen aufgrund der Erfahrungen mit Expertensystemen benutzerfreundlicher und verständlicher wird, so daß nicht mehr ein Fachmann mit intimen Kenntnissen verschlungener Computerterminologien zur Verfügung stehen muß.

9 Zukunft und Grenzen der Expertensysteme

Die Zukunftsaussichten der KI werden übereinstimmend als überdurchschnittlich positiv angesehen. Der Umsatz mit Systemen der KI-Technologie wird in den nächsten Jahren überproportional steigen.

Arthur D. Little prognostiziert den Umsatz auf dem KI-Weltmarkt wie folgt:

1990	6 bis 25 Milliarden DM	ca. 4% der Computerindustrie
2000	100 bis 400 Milliarden DM	ca. 20% der Computerindustrie

Eine andere Prognose, basierend auf einer Studie von DM Data (USA), nennt für den US-Markt ein KI-Potential von 2,8 Milliarden Mark bis 1990. Die Wachstumsraten sollen bei jährlich 70% liegen.

An Zukunftsperspektiven für Expertensysteme ergeben sich:

— Bestehende Datenbank- und Informationssysteme werden in Expertensysteme aufgehen.

— In der nächsten Generation werden Expertensysteme parallel arbeitende, kooperierende Bereiche zusammenfassen und auf Mehrprozessorsystemen realisiert sein.

Mitbestimmend für die zukünftige Entwicklung der KI und damit auch der Expertensysteme ist, inwieweit die Japaner ihre ehrgeizigen Pläne bezüglich der 5. Computergeneration in Produkte umsetzen.

Was ist in den nächsten Jahren von Expertensystemen zu erwarten?

In zwei bis drei Jahren werden Expertensysteme Tausende von Regeln enthalten. Als Erweiterung der zunehmend steigenden Anzahl regelbasierter Systeme können wir ebenfalls ein Ansteigen von nicht-regelbasierter Systeme erwarten, da nicht alle Probleme homogen sind, um sie ohne weiteres in das Netzwerk eines Produktionssystems überführen zu können.

In den nächsten zwei bis drei Jahren können wir intelligente, robuste und menschenfreundliche Mensch-Maschine-Schnittstellen erwarten. Sehr viel bessere Werkzeuge werden zur Lösung von Problemklassen aller Art zur Verfügung stehen.

Um 1990 könnte ein Wissensakquisitationssystem verfügbar sein, das einen Experten beim Aufbau einer Wissensbasis schnell und sicher lenkt. Damit könnte bei einfacheren Expertensystemen der Wissensingenieur überflüssig werden.

Um das Jahr 2000 können wir die Anfänge eines Systems erwarten, das halbautonom aus einem schriftlichen Text eine Wissensbasis entwickelt.

Zukunftschancen bestehen für Expertensysteme z.B. in den folgenden Bereichen:

Konstruktion
Entwurf, Planung, Kontrolle

Fertigung
Entwurf, Überwachung, Kontrolle, Diagnose, Instandhaltung, Reparatur, Unterweisung, Qualitätskontrolle, Planung

Berufe
Medizin, Recht, Verwaltung, Immobilien, Finanzierung, Ingenieurwesen, Beratung und Lehre

Ausbildung
Unterweisung, Tests, Diagnose

Visuelle Darstellungen
Bildinterpretation, Kartenkunde

Software / Informatik
Unterweisung, Spezifizierung, Entwurf, Produktion, Wartung

Intelligente Agenten
Unterstützung beim Umgang mit Computersystemen

Bürokommunikation
Intelligente Systeme zur automatischen Postbearbeitung und zum Dokumentenretrieval, Silbentrennung, Schreibfehlerkorrekturen, automatische Fremdsprachenübersetzung

Fertigungs- und Ablaufkontrolle
Fabrikautomatisierung

Forschung und Entwicklung
Planung von Experiementen, Luft- und Weltraumfahrt, Erschließung von neuen Mineralöl- und Erzvorkommen

Zur Zeit haben bereits viele Expertensysteme solche Dimensionen erreicht, daß es fast unmöglich erscheint, sie auch auf Personal Computern (PCs) zum Einsatz zu bringen. Ständige Leistungssteigerungen bei kleinen Rechnern werden es in absehbarer Zukunft auch ermöglichen, Expertensysteme auf PCs mit bis zu 400 Regeln zu implementieren. Solche Systeme sind zwar nicht mit ausgewachsenen Expertensystemen vergleichbar, verwenden jedoch teilweise die dort typischen Techniken.

In den vorhergehenden Kapiteln mag der Eindruck entstanden sein, daß Expertensysteme in nahezu allen Funktionen einsetzbar sind. Dieser irrigen Auffassung muß mit aller Entschiedenheit entgegengetreten werden. Die Einsatzmöglichkeiten sind heute, und wahrscheinlich auch in der Zukunft, begrenzt, denn überall da, wo partnerschaftliches, privates oder sozial determiniertes Handeln die Menschen bestimmt, haben sich schon jetzt KI-Systeme disqualifiziert. Qualitäten, wie nachbarschaftliches Verhalten, Verpflichtung, Begeisterung oder ähnliches waren bisher nicht instrumentell verfügbar und werden es auch mit intelligenten Computern nicht sein.

Der ungehemmte Einsatz intelligenter Computer bringt verschiedene Gefahren mit sich, die es noch zu untersuchen gilt. Dabei gehen wir zunächst von der rein technischen Anwendung aus und bedenken später die Auswirkung auf das Denken, Fühlen und Handeln des Menschen.

Bisher haben wir Computerintelligenz sehr idealisiert betrachtet. Die Entwicklung suggerierte einen Aufbruch ins „Goldene Zeitalter". Vielen Menschen werden die Segnungen der Technik zuteil, indem sie Zugang zu ungeahnten Wissensquellen erhalten, die Kommunikation vereinfacht wird, und generell die Lebensqualität erhöht wird. Leider besteht auch die Gefahr, daß die Entwicklung in eine ganz andere Richtung verläuft. Das Ansammeln riesiger Datenmengen ermöglicht nämlich auch einen unkontrollierten Zugriff auf persönliche Daten. Der einzelne kann an seinem Arbeitsplatz oder in der Freizeit sehr viel besser überwacht werden, d.h. eine vereinfachte Datenerhebung und -verarbeitung kann stets auch den Machtmißbrauch erleichtern. Denken wir nun an die vielfältigen Möglichkeiten der Verarbeitung natürlicher Sprache. Als Beispiele für deren Anwendung werden im allgemeinen ein benutzerfreundlicher Dialog, eine hörende Schreibmaschine für Blinde oder ein automatisches Übersetzungsprogramm genannt. Genau so gut könnte aber ein Computer, der natürliche Sprache versteht und gedruckt wiedergeben kann, zur massenweisen Überwachung von Telefongesprächen eingesetzt werden, was beim heutigen Stand der Technik noch zu aufwendig wäre.

Je wertvoller Wissen ist, desto größer ist die Versuchung, es zu kontrollieren. Insbesondere der militärische Bereich wirkt sich lähmend auf die Freiheit von Wissenschaft und Forschung aus. Transparenz des Wissens kann eine unermeßliche Gefahr sein, so daß sich aus Gründen der Konkurrenz die Geheimniskrämerei verstärken kann. Es kann also sein, daß sich durch verbesserte und verfeinerte Computertechnologien bestehende Strukturen eher verfestigen und eine Demokratisierung, die von vielen euphorischen Propheten vorhergesagt wird, zu Fall kommt.

Schon in der Gegenwart gibt es riesige Datenbanken, die ausgewählten Benutzern Informationen zur Verfügung stellen, die aber dennoch nicht der breiten Öffentlichkeit zur Verfügung stehen. Es ist nicht abzusehen und auch nicht sehr wahrscheinlich, daß sich bei fortschreitender Computertechnologie die allgemeine Verfügbarkeit und die Freiheit des Informationsaustausches erhöhen lassen.

Außerdem unterlaufen auch den intelligentesten Computern Fehler. Wie bei allen Computerprogrammen, kann auch bei Expertensystemen und in anderen Anwendungsbereichen der KI keine 100%ige Fehlerfreiheit zugestanden werden. Es ist nur eine relative Bewertung ihrer Güte möglich – genau wie bei einem menschlichen Experten, der auch irren kann. Außerdem haben wir bei früherer Gelegenheit bereits festgestellt, daß jede Wissensbasis begrenzt ist.

Ein Expertensystem wird niemals seine Umwelt umfassend begreifen, wie es ein menschlicher Experte könnte. Treten daher unvorhergesehene (Stör-)Fälle auf, so ist ein Computersystem nicht in der Lage, angemessen zu reagieren. Entweder verfällt der Computer in Schweigen oder er gibt eine sinnlose Antwort, deren Fehler vielleicht noch nicht einmal entdeckt wird. Das Risiko liegt nun darin, daß die Leistungsfähigkeit der Technik überschätzt und eine Kontrolle durch den Menschen oftmals vorzeitig abgezogen wird.

10 Angst vor der KI

Bisher haben wir die Vorzüge und Nachteile von Computeranwendungen nur von der technischen Seite betrachtet. Genau so wichtig sind auch die Themen, welche Auswirkungen der Einsatz intelligenter Computertechnologie auf das menschliche Verhalten hat, inwieweit Denkstrukturen verändert werden und wie sich die zwischenmenschliche Kommunikation entwickeln wird. Zunächst aber sollen die Ängste betrachtet werden, die der Computer bei vielen Menschen auslöst.

Jede neue Anforderung, sei es im technischen oder jedem anderen Lebensbereich, löst zunächst ein Gefühl der Beklemmung, ja der Angst aus. Denken wir nur an das Erlernen neuer Sportarten oder an die Zeit, als man Autofahren gelernt hat. Der Computer scheint aber mit seinen intelligenten Leistungen den Menschen in einer Art und Weise zu bedrohen, die über die geschilderte Angst vor dem Neuen hinausgeht. Viele erleben das Elektronengehirn des Computers – man merke die menschenähnliche bereichübertragene Bezeichnung – als Konkurrenz und fürchten um die Einzigartigkeit der menschlichen Spezies. Sicher werden einzelne menschliche Fähigkeiten von technischen Einrichtungen übertroffen. So war schon im letzten Jahrhundert jede Dampfmaschine stärker als ein Mensch und ein Auto kann sich sehr viel schneller fortbewegen.

Von der Technik geht leider auch eine Gefahr für die Gesundheit aus. Dennoch scheint die Bedrohung durch den Computer einzigartig zu sein, da er zu der menschlichsten aller Fähigkeiten, dem Denken, in Konkurrenz tritt und diese in speziellen Bereichen sogar übertrifft. Angesichts dieser

Tatsache empfindet ein Mensch das, was Psychologen als eine **narzißtische Kränkung** bezeichnen.

Um dies besser zu verstehen, betrachtet man einmal die Punkte in der Geschichte der Naturwissenschaften, in denen der Mensch sich in seinem Selbstverständnis bedroht gefühlt hat. Das Ptolemäische Weltsystem des Altertums betrachtete die Erde und damit auch den Menschen als den Mittelpunkt des Weltalls. Alle anderen Gestirne kreisten um dieses Zentrum. Als Kopernikus dann im 16. Jahrhundert entdeckte, daß sich die Erde um die Sonne dreht und diese wiederum nur ein Teil eines übergeordneten Systems ist, und er damit das Kopernikanische Weltsystem der Neuzeit begründete, wurde dies als eine immense Bedrohung erlebt, weshalb vor allem die Kirche dieser neuen Erkenntnis heftigsten Widerstand entgegensetzte. Der Mensch war nicht mehr der Mittelpunkt des Weltalls. Jedoch konnte er sich weiterhin als Gottes Geschöpf erleben und war damit einzigartig in der Natur. Jedoch auch dieser Glaube wurde in Frage gestellt, als Darwin im vorigen Jahrhundert aufgrund seiner ausgedehnten Forschungsreisen behauptete, der Mensch sei nicht in einem göttlichen Schöpfungsakt erschaffen worden, sondern besitze mit einem so profanen Vetter wie dem Affen gemeinsame Vorfahren. Insbesondere die kirchlichen Lehren mußten sich vor den Naturwissenschaften Schritt für Schritt zurückziehen, eine tiefe Kränkung des Menschen in seinem Gefühl der Einzigartigkeit. Immerhin konnte er sich noch damit beruhigen, daß ihn etwas Wesentliches von den Tieren unterschied, nämlich seine Intelligenz. Der Mensch wurde daraufhin als ein vernunftbegabtes Wesen beschrieben, dessen Handlungen sich dadurch wesentlich von denen der Tiere abhoben. Dieses Selbstverständnis wurde um die Jahrhundertwende von Sigmund Freud erschüttert, der die

Gesellschaft mit der Entdeckung überraschte, daß der Mensch nicht nur von der Vernunft, sondern durchaus auch von animalischen und abgründigen Trieben beherrscht wird. Dennoch wurde in der Folgezeit die Intelligenz als das besondere Kennzeichen des Menschen nicht in Frage gestellt.

Als in den 40er Jahren dieses Jahrhunderts Elektronenrechner gebaut wurden, die die Fähigkeit des menschlichen Geistes in einzelnen Bereichen übertrafen und später sogar Leistungen vollbrachten, die als intelligent bezeichnet wurden, brach die letzte Stütze des menschlichen Selbstverständnisses zusammen. Auf der einen Seite wurden die Möglichkeiten maschineller Intelligenz mit großer Euphorie aufgenommen, auf der anderen Seite aber entstanden Befürchtungen, der Mensch werde im Laufe der Zeit überflüssig und könne durch intelligente Maschinen ersetzt werden. Im Vergleich zur KI wird nur noch sein Mangel gesehen, es wird dann häufig aufgezählt, was der Mensch alles nicht kann und wo er schlechter abschneidet als ein Computer.

Es scheint in diesem Zusammenhang wenig Sinn zu haben, vernünftige Argumente zu benennen. Man könnte ja sagen, daß ein intelligenter Computer nicht den Beweis für die Intelligenz des Computers liefert, sondern vielmehr für die Intelligenz des Menschen, der ihn erbaut hat. Diese Argumente scheinen aber wirkungslos, da die Phantasie, Computer könnten den Menschen in seiner Intelligenz übertreffen und auf Dauer die Herrschaft über ihn gewinnen, von den geschilderten Ängsten immer wieder genährt wird.

Die neueste Stütze des menschlichen Selbstverständnisses ist das Argument, Computer können zwar denken, aber nicht fühlen. Damit wird das Gefühl als neuer Beweis für die Einzigartigkeit des Menschen genommen. Jetzt können wir auch die bange Frage verstehen, die in diesem Zusammenhang gestellt wird: Sind Computer eines Tages fähig, auch Gefühle zu haben? Wir stehen bei der Beantwortung dieser Frage vor dem gleichen Dilemma, wie bei der Frage nach der KI. Wir könnten jetzt über das Wesen von Gefühlen diskutieren, z.B. über die Frage: Woher weiß ich eigentlich, was ein anderer Mensch fühlt? Wenn mir ein Freund zu verstehen gibt, daß er traurig ist, kann er mir dieses verbal mitteilen, außerdem erkenne ich seine augenblickliche Stimmung an vielen äußeren Merkmalen: sein Kopf ist gesenkt, die Schultern sind zusammengezogen, seine Stimme klingt traurig, der Oberkörper ist nach vorn geneigt, seinen Augen entrinnen Tränen usw. Da ich dieses Gefühl bereits selbst erlebt habe, kann ich mich aufgrund eines Analogieschlusses in meinen Freund hineinversetzen und verstehe seine Gefühle. Trotzdem kann ich nicht wissen, wie er wirklich fühlt. Es besteht keine Möglichkeit, sein Gefühl direkt anzuzapfen, da ich nur von meinem Erleben ausgehen kann. Außerdem könnte er mir etwas vormachen, indem er auf brillante Weise schauspielert.

Wie kann es nun aussehen, wenn ein Computer Gefühle entwickelt? Nehmen wir an, ein Roboter steht vor uns und möchte uns vermitteln, daß er ebenfalls traurig ist. Sagt er es uns, oder sind seine Schultern zusammengezogen, ist sein Kopf gebeugt, oder entrinnen gar seinen elektronischen Sensoren Tränen? Selbst wenn dies alles so wäre, was ja durchaus technisch zu realisieren ist, wüßten wir trotzdem nicht, ob er etwas fühlt, wenn ja, ob dieses Gefühl unserem eigenen Erleben entspricht, oder ob er gar nur schauspielert. Was würde ein solches Erscheinungsbild bei uns Menschen bewirken, und wie würde sich unser Verhalten gegenüber diesem Roboter ändern?

Die Frage nach der Fähigkeit von Maschinen, Gefühle zu entwickeln, ist unentscheidbar, wenn nicht sogar irrelevant. Wichtiger ist es vielmehr, die Ängste und Befürchtungen zu berücksichtigen.

Die Bedrohung des Selbstverständnisses und der Einzigartigkeit des Menschen scheint irrationaler Natur zu sein. Es sind aber durchaus Auswirkungen auf das menschliche Verhalten, auf die Art zu denken und auf die Form der Kommunikation zu beobachten. Bevor wir darauf eingehen, wollen wir uns den Grenzen und den Unzulänglichkeiten von Experten zuwenden. Wie bereits dargelegt, bezieht sich die Wissensbasis eines Expertensystems auf eine eng umrissene Wissensdomäne, die ein solches System in seiner Urteilsfähigkeit sehr einschränkt. Es wird vielmehr das Gefühl einer falschen Sicherheit vorgetäuscht, da die Ableitung von Aussagen aufgrund der eingebauten Regeln sehr objektiv erscheint.

Viele Sachverhalte verlangen aber ein feineres Fingerspitzengefühl und die Kenntnis und Erfahrung weiterer Kontextbereiche, z.B. die Beurteilung von Mitarbeitern, die Berücksichtigung gesellschaftlicher Entwicklungen oder die Abfassung von Gerichtsurteilen. Da ein noch so intelligenter Computer diese Randbereiche nur unvollständig einbeziehen kann, erscheint er uns einseitig und gewissenlos.

Außerdem wird häufig darauf hingewiesen, daß Experten anders denken, als der logische Ableitungsmechanismus eines Expertensystems. Ein erfahrener Experte denkt nicht so sehr in Regeln, diese sind eher als Handlungsanweisung für Anfänger gedacht. Wenn jemand den Führerschein frisch erworben hat, so muß er sich beim Autofahren die einzelnen Handgriffe oftmals wieder ins Gedächtnis rufen. Hat er aber genügend Routine erworben, werden Regeln überflüssig, er handelt automatisch und teilweise sogar unbewußt. So wurde an Experten in schwierigen Situationen beobachtet, daß sie ihre Entscheidungen vielmehr anhand von Beispielen oder durch die Betrachtung von Ausnahmefällen treffen.

Es soll noch erwähnt werden, daß zur Zeit alle möglichen Produkte aus einer Mode heraus als Expertensysteme bezeichnet werden, die diesen Begriff aufgrund ihrer Struktur gar nicht verdienen.

Welche Auswirkungen hat nun aber der vermehrte Einsatz intelligenter Computerprogramme und bereichsspezifischer Expertensysteme auf den Menschen? Ist zu befürchten, daß eine Einengung und Verarmung menschlicher Fähigkeiten die Folge ist?

Schon im Bereich des Fernsehens und der Videotechnik wurde häufig darauf hingewiesen, daß diese Medien den sozialen Rückzug fördern und den exzessiven Benutzer in seiner Handlungsfähigkeit einschränken. Es gibt Familien, die das Wochenende vor dem Fernseher verbringen, Sendepausen noch mit Videofilmen ausfüllen, und sich die Kommunikation in der Familie ganz an dieser Gewohnheit ausrichtet. Insbesondere Menschen, die im Umgang mit anderen etwas zurückhaltend sind, ergreifen die Gelegenheit für einen sozialen Rückzug. Sind sie an Computern interessiert, so kann sich im Extremfall ein Typ entwickeln, der im Volksmund als „Hacker" bezeichnet wird. Psychologische Beobachtungen haben dabei ergeben, daß das Computern – ebenso wie das Fernsehen – nicht ursächlich für eine soziale Isolierung ist, eine entsprechende Tendenz aber verstärken kann.

Selbst wenn die Schäden nicht so offensichtlich sind und der Einsatz eines Computers lediglich im beruflichen Bereich, z.B. im Büro, stattfindet, so ist doch eine Verarmung der zwischenmenschlichen Kontakte denkbar, wenn die direkte, sinnlich erfahrbare Kommunikation mit einer konkreten Person unterbrochen wird und ein technisches Medium dazwischengeschaltet ist.

Ein vorrangiges Ziel für intelligente Computer ist es, einen Dialog in natürlicher Sprache zu ermöglichen, so wie wir es z.B. im Kontakt mit einem Bankangestellten, einer Bibliothekarin oder anderen Personen gewohnt sind. Doch selbst wenn dieses Ziel erreicht wird, ist immer eine gewisse Formalisierung und Einschränkung der Sprache erforderlich. Schon heute bestehen Anfragen oder Eingaben in ein Teminal aus recht formalen, oft skurrilen Bezeichnungen und Abkürzungen. Durch diese Einschränkung findet eine Sprachverarmung statt, und wir erleben es häufig, daß diese verkürzte Sprache nach längerem Gebrauch zur Gewohnheit wird. Dabei werden nicht nur einzelne Ausdrücke in anderem Zusammenhang verwandt oder Fremdwörter eingedeutscht, wie es bereits bei vielen Amerikanismen der Fall ist, sondern es findet auch ein Verstümmeln des Satzaufbaus und der Grammatik statt. Es bestehen Vermutungen, daß Computerwissenschaftler, die sich mit der Formalisierung der technischen

Sprache befassen, auch im Alltag oder bei Veröffentlichungen diesen Sprachstil pflegen.

Auch intelligente Computersysteme, und hier sind Expertensysteme nicht ausgenommen, sind für eine Formalisierung unserer Umwelt verantwortlich. Ist ein bestimmtes Fachwissen und die logische Struktur seiner Anwendung erst einmal mühevoll in einem Expertensystem abgebildet, diese Wissens- und Arbeitsstruktur meist schon festgeschrieben, eine Änderung der Wissensbasis ist dann mühsam und es fällt leichter, sich auf Bestehendes zu stützen.

Expertensysteme können sogar die Denkstruktur des Menschen beeinflussen. Der amerikanische Philosoph Hubert L. Freyfuß weist in seinem Buch „Die Grenzen künstlicher Intelligenz" darauf hin, daß sich die Methoden der KI nur deswegen entwickeln und so hohe Erwartungen wecken konnten, weil sie die Struktur menschlichen Denkens und Handelns in sehr vereinfachter Form aufnahmen.

Computerprogramme bestehen aus einer klar definierten Schrittfolge von Anweisungen. Auch die intelligentesten Programme benötigen detaillierte Anweisungen für jeden Einzelfall, und in Expertensystemen muß jede kleinste Wisseneinheit in Regeln gefaßt werden.

Expertensysteme können zwar neues Wissen aus ihrer Wissensbasis erschließen, aber auch dafür ist jeweils eine konkrete Regel erforderlich. Es findet eine Atomisierung des Handelns statt, wobei die Auffassung vertreten wird, daß sich auch die komplexesten Strukturen in kleine und überschaubare Einheiten aufteilen lassen. Dies bedeutet gleichzeitig, daß eine Ganzheitlichkeit und der Bezug zum bestehenden Kontext verlorengeht. Schon die Gestaltpsychologie in den 30er Jahren hat entdeckt, daß ein Ganzes mehr ist als die Summe seiner Teile.

Wenn wir auf die Strichzeichnung eines Würfels schauen, in der nur die Kanten abgebildet sind, so nehmen wir nicht nur die Anhäufung der Striche war, sondern stellen uns den Würfel als räumliches Gebilde vor. Unsere gesamte Wahrnehmung ist ganzheitlich organisiert, sonst könnten wir keine Perspektiven sehen und unsere Umgebung nicht als konstant und überdauernd erleben. Ebenso ist es fraglich, ob sich komplizierte Handlungsabläufe wirklich in einzelne kleine Teilschritte aufspalten lassen, die dann von formalen Regeln beherrscht werden. Obwohl dieser Meinungsstreit zwischen Philosophen, Psychologen und KI-Anhängern nicht entschieden und beigelegt werden kann, wird uns aber die Voraussetzung deutlich, auf der die Methodik der KI und die Idee der Expertensysteme beruht.

Interessant ist in diesem Zusammenhang das Zusammenspiel von technologischer Entwicklung und der Theorienbildung in der Psychologie. Psychologische Theorien haben insofern eine Auswirkung auf unsere Gesellschaft und unser Zusammenleben, als sie Erklärungsmodelle für das, was sich im Menschen abspielt, ableiten und Vorschläge für alternative Verhaltensweisen macht. Nun ist zu beobachten und auch von kritischen Psychologen beschrieben worden, daß psychologische Theorien, die sich auf allgemeine Denk- und Handlungsabläufe des Menschen beziehen, Anleihen an dem aktuellen Stand der Technik machen und Modelle auswählen, die eine deutliche technische Parallele besitzen. Als in den 20er und 30er Jahren das

Telefon und damit das Fräulein vom Amt populär wurden, stellten sich manche Psychologen den Denkapparat als eine Schaltzentrale vor, in denen ein- und ausgehende Impulse wie in einer Telefonvermittlung zusammengestöpselt werden. Anfang der 40er Jahre entstand die Kybernetik mit ihren Regelkreismodellen, die dann ebenfalls Eingang in die psychologische Theorienbildung fanden.

Mitte der 50er Jahre folgten dann die ersten Entdeckungen auf dem Gebiet der KI, die von vornherein – insbesondere von Alan Newell und Herbert A. Simon – in Verbindung mit psychologischen Vorstellungen gebracht wurden. Getreu dem Stand der Programmiertechnik fand die bereits erwähnte Aufspaltung menschlicher Handlungen und Denkvorgänge in kleine Einzelschritte statt, und es wurde darüber hinaus angenommen, daß menschliche Überlegungen einfach einem Suchvorgang entsprechen. Dies entsprach den vielen Spielprogrammen, die damals entwickelt wurden, wie das Dame-Programm, das bei jedem Zug alle Möglichkeiten in Betracht zog und die beste aussuchte. Allerdings nahm das Suchen beträchtliche Zeit in Anspruch und steigerte sich bei Schachprogrammen ins Astronomische. Es wurden unterschiedliche Strategien (Heuristiken) entwickelt, die das Suchen effizienter gestalten sollten. Außerdem entstanden auf dem Gebiet der elektronischen Mustererkennung Programme zum automatischen Beweisen von mathematischen Aussagen. Dies waren die ersten erfolgreichen Schritte auf dem Gebiet der KI, die eine starke Begeisterung über die Möglichkeiten der KI hervorriefen. Sichtlich davon beeinflußt, entwickelten Psychologen – hier sind vor allem Miller, Galanter und Pribram zu nennen – Ende der 50er Jahre ein neues Konzept menschlichen Denkens und Handelns, das bis heute eine starke Wirkung ausübt und in seiner Weiterentwicklung als

Handlungstheorie bekanntgeworden ist. Darin wird das menschliche Verhalten in kleine Einheiten aufgespalten. Jeder Handlung geht ein Plan voraus, der bestimmte Zielvorgaben macht. Während der Ausführung der Handlung wird sie durch eine Rückkopplung wie in einem Regelkreis so lange korrigiert, bis das Ziel erreicht ist. Pläne und Handlungsvorstellungen können auf verschiedenen Abstraktionsebenen vorhanden sein und wie in einer Hierarchie aufeinander wirken.

Das Planen einer Reise könnten wir auf unterschiedlichen Ebenen vornehmen. Anhand einer Landkarte suchen wir uns ein ansprechendes Urlaubsgebiet aus und entscheiden uns schließlich für einen konkreten Ort. In der Folge sind dann noch weitere Dinge zu planen, wie Urlaubszeit, Wahl des Transportmittels, Auswahl der mitzunehmenden Sachen usw. Dabei können sich noch die einzelnen Entscheidungen gegenseitig beeinflussen.

Auf verschiedenen Abstraktionsebenen kann z.B. der Plan mit dem Auto zu fahren, schrittweise verfeinert, d.h. die einzelnen Handlungen immer stärker konkretisiert werden. Ein Teilplan wäre Wartung des Autos, der sich in Unterpläne wie Ölwechsel, Überprüfen der Zündkerzen, Messen des Reifenprofils usw. unterteilt und wiederum auf einem tieferen Abstraktionsniveau konkrete Handlungsschritte, wie das Einführen einer Lehre in das Reifenprofil, enthält. Auf dem untersten Handlungsniveau stünden dann manuelle Fertigkeiten, die ja auch Regelkreismodelle von Muskeln und Nervensensoren darstellen. Jeder Plan entspricht dabei einem Regelkreismodell, der sogenannten TOTE-(Test-OperateTest-Exit-) Einheit und reguliert und wiederholt so lange die einzelnen Handlungsschritte, bis der Plan vollständig ausgeführt ist.

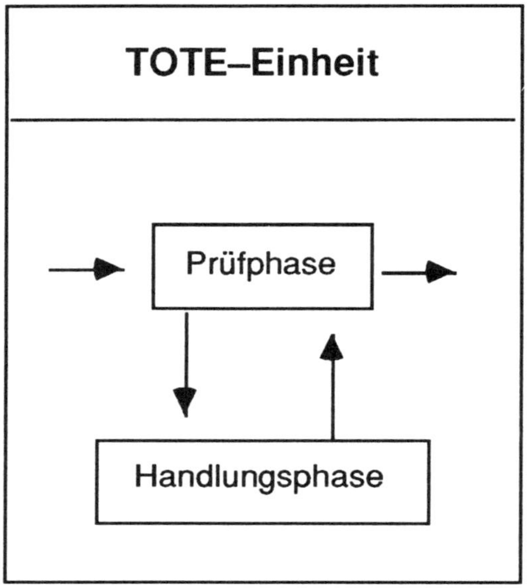

Abbildung 29: Test-Operate-Test-Exit-Verfahrensweise

Diese Handlungstheorie folgt genau den Grundgedanken der KI, daß jede noch so komplexe menschliche Tätigkeit sich in unzählige kleine Handlungsschritte zerlegen läßt. Es wird nirgends davon ausgegangen, daß in einem komplexen System das Ganze mehr sein könnte als die Summe seiner Einzelteile, wie es die Gestaltpsychologie lehrt.

Ein aktuelles Thema, das die Informatik heute beschäftigt und im Zusammenhang mit der japanischen Entwicklung der 5. Computergeneration bereits beschrieben wurde, ist die Verarbeitung paralleler Prozesse. Um die Leistungsfähigkeit von Computern zu erhöhen, werden viele Prozessoren parallel geschaltet, die dann gemeinsam und zur gleichen Zeit eine Aufgabe bearbeiten. Dadurch erhofft man sich einen erheblichen Zeitgewinn.

Sogleich melden sich Psychologen zu Wort, die die Frage aufwerfen, ob man nicht auch in die Theorie der geistigen Tätigkeiten das Konzept der parallelen Prozesse einführen kann.

Dabei ist zu beobachten, daß psychologische Theorien, die kognitive, d.h. innere gedankliche Prozesse zu erklären versuchen, nicht nur Anleihen bei mechanischen und neueren technischen Modellen machen, sondern überhaupt erst dann ernstgenommen werden und offensichtlich ein höheres Vertrauen gewinnen, wenn sie ins Mechanische übertragen und auf technischer Ebene simuliert werden können.

Auch in Zukunft wird eine Computertechnologie, die versucht, sich intelligente Methoden zunutze zu machen, Einfluß auf unsere Umwelt, aber auch auf unser Denken und Handeln und unser Selbstverständnis nehmen. Es wäre wünschenswert, wenn sich jeder von uns auf seine menschlichen Stärken und positiven Eigenheiten besinnen könnte, um nicht den Computer in seiner Leistungsfähigkeit als Konkurrenten zu erleben. Einen möglichen Mißbrauch der Wissensverarbeitung muß sehr ernst genommen werden, weil er für unsere Freiheit und für unser Zusammenleben eine ebenso große Gefahr darstellt wie jede äußere Bedrohung.

Die Folgen, die die Einführung neuer Computertechnologien in breitem Rahmen nach sich ziehen, sind weder auf soziologischer noch auf psychologischer Ebene bisher angemessen untersucht worden. Solche Forschungen werden leider noch zu häufig als Luxus angesehen. Ein genaueres Abschätzen der Technologiefolgen kann helfen, negative Entwicklungen frühzeitig zu erkennen und die Lebensqualität zu sichern.

11. Literaturhinweise

Aufgrund der Vielfalt und Unüberschaubarkeit an weiterführenden Literaturstellen, sollen nachfolgend für die wichtigsten Bereiche, dem Leser ergänzende Bücher kurz kommentiert vorgestellt werden. Damit wird dem geweckten Interesse an über den Stoff dieses Einführungsbuches hinausgehendem Wissen Rechnung getragen.

Einen guten Einblick in die KI-Programmiersprache Prolog bietet das zum autodidaktischem Studium geeignete Buch von

Ivan Bratko
Prolog – Programmierung für die Künstliche Intelligenz
Addison Wesley Verlag, Bonn.

Dem Leser, der eher an der Erprobung der Techniken der KI interessiert ist und Besitzer eines Commodore C 64 bzw. C 128 ist, sei das Buch von

Olaf Hartwig
Experimente zur Künstlichen Intelligenz
Markt & Technik Verlag, München

empfohlen. Dies ist der Weg, auf dem man sich spielerisch mit der KI auf seinem Home Computer vertraut machen kann ohne übermäßigem theoretischem Ballast.

Das Lehrbuch von

Reinhard Krickhahn und Bernd Radig
Die Wissensrepräsentationssprache OPS5
Verlag Friedrich Vieweg & Sohn, Braunschweig/Wiesbaden

stellt ausführlich den Problemlösungsmechanismus in Expertensystemen dar, die mit Regeln arbeiten. Es wird dazu das notwendige Grundlagenwissen über die Funktionsweise von Produktionssystemen vermittelt. Anschließend wird die KI-Programmiersprache OPS 5 ausführlich beschrieben. Das Buch schließt mit einer klaren Darlegung des regelorientierten Programmierstils ab. Das Buch eignet sich nicht für reine Anfänger. Programmiergrundkenntnisse sollten bereits in einer anderen Programmiersprache vorhanden sein.

Das Buch der KI-Forscher und Gebrüder

Hubert und Stuart Dreyfus
Künstliche Intelligenz
Rowohlt Verlag, Reinbek

setzt sich kritisch mit den Grundlagen und den daraus abgeleiteten Techniken der Wissensrepräsentation und -verarbeitung auseinander. Es werden Anwendungen von Wissenssystemen im Unterricht bzw. im Management angerissen.

Dem Leser, der eine ausführliche Beschreibung und Diskussion der Möglichkeiten und Grenzen der KI sucht, wird in dem Buch von

Hubert Dreyfus
Die Grenzen künstlicher Intelligenz
Athenäum Verlag, Königstein/Ts.

eine Vielzahl kritischer Argumente gegen die KI vorfinden. Der Autor setzt sich intensiv mit den Grundlagen der KI-Forschung auseinander. Er zeigt auch alternative Forschungsansätze auf. In bestimmten Anwendungsbereichen der KI erwartet jedoch der Autor eine weitere kontinuierliche Weiterentwicklung.

Interessant und gut aufbereitet stellt der Psychologe

Alan Bradley
So denkt der Mensch
Droemer Knaur, München

die Vorgänge während der menschlichen Denkvorgänge dar. Das Buch zeigt die Vielfalt des menschlichen Gehirns eindrucksvoll auf. Demjenigen, der sich auch zukünftig mit der KI auseinandersetzen will, sei dieses Buch als Grundlage für eine intensive Auseinandersetzung mit den ureigensten Zielsetzungen der KI empfohlen.

Das Fachbuch der beiden US-amerikanischen Wissenschaftler

Roger Schank und Peter Childers
Die Zukunft der Künstlichen Intelligenz
DuMont Verlag, Köln

zeigt anknüpfend an den Problemen der KI-Forschung, die sowohl technischer als auch philosophischer Natur sind, auf, wie „denkende" Maschinen in Zukunft das Leben beeinflussen können. Hierzu werden Beispiele aus den Bereichen des maschinellen Lernens und des Verstehens natürlicher Sprache angesprochen.

Ein deutschsprachiger „Klassiger" aus dem Jahre 1982, der eine sehr gute fortführende Auseinandersetzung mit den wichtigsten Gebieten der KI bietet und immer noch aktuell ist, stammt von den beiden Universitätsprofessoren

Wolfgang Bibel und Jörg Siekmann
Künstliche Intelligenz
Springer-Verlag, Berlin/Heidelberg/New York

Nach einer Einführung in die Grundlagen der KI werden neben den Expertensystemen, die Verarbeitung von natürlicher Sprache im Computer und das Bildverstehen sehr breit und detailliert erläutert. Wer den tieferen Einstieg in die KI sucht, wird die Investition in diesen Fachbericht sicher als sinnvolle Anlage sehen.

Die Zielsetzungen und die Grundlagen der neuen Computer-Generation der Japaner, die zu einer Evolution der KI führen soll und zu einem internationalen Forschungs- und Entwicklungswettrennen geführt haben, werden von den beiden US-amerikanischen Forschern

Edward Feigenbaum und Pamela McCorduck
Die Fünfte Computer-Generation
Birkhäuser Verlag, Basel/Boston/Stuttgart

fast erzählerisch, in einem sehr angenehmen Stil dargestellt. Als Leser sollte man sich aber bewußt sein, daß der Technologie-Wettbewerb zwischen den USA und Japan auch in dieses Buch mit hineinspielt. Der Leser sollte daher nicht alle Aussagen der Autoren unvoreingenommen akzeptieren.

Das Standardwerk der KI stellt auch heute noch das Buch von

Nils Nilsson
Principles of Artificial Intelligence
Tioga, Palo Alto

dar. Das englischsprachige Buch ist sehr kompakt aber übersichtlich geschrieben. Die meisten Grundtechniken der KI und die wichtigsten damit zusammenhängenden Fragestellungen werden in einer gut formalisierten Form behandelt. Das Werk kann auch als Nachschlagewerk dienen, da offene Fragen durch die Lektüre einzelner Textpassagen leicht beantwortet werden können. Viele andere Fachbücher setzen das Grundlagenwissen aus diesem Werk voraus. Ein Einsteiger sollte nur bei speziellem Interesse den Kontakt zu diesem Buch suchen.

Derjenige Leser, der an dem Bereich des Knowledge Engineerings näher interessiert ist, sei der Tagungsband der Fachtagung

Expertensysteme ´87
Teubner Verlag, Stuttgart

empfohlen.

Hervorragende englischsprachige Darstellungen des Standes der Kunst finden sich im Buch von

Joachim Diederich und Uthmann
Knowledge Acquisition for Expert Systems
Oldenbourg Verlag, München.

Ein Werk, welches eine neue Denkrichtung innerhalb der KI aufzeigt, stammt von einem der Urväter der KI, dem M.I.T-Professor

Marvin Minsky
The Society of Minds
Simon & Schuster, USA.

Minsky stellt eine universelle Organisationstheorie des menschlichen Gehirns auf, die dynamische Veränderungen durch neu hinzukommendes Wissen zuläßt. Dies steht im Gegensatz zu den bislang meist statischen Modellen. Das Buch stellt eine gute Basis für weitere aktuelle Literaturstudien dar.